MÉTHODE NOUVELLE

ÉCRITE

EN PLAIN-CHANT ET EN MUSIQUE

CONTENANT

1° Les Principes du Plain-Chant
2° La Psalmodie
3° Les Règles principales de l'Harmonie
4° Les Gammes harmoniques

PAR L'ABBÉ VORBE

CURÉ D'AUDEUX (DOUBS)

3e ÉDITION

Prix net, 6 fr., chez l'Auteur

Franco par la poste

BESANÇON

IMPRIMERIE ET LITHOGRAPHIE DE J. JACQUIN

Grande-Rue, 14, à la Vieille-Intendance

1879

PRÉFACE.

Le chant religieux, étant destiné à célébrer les louanges de Dieu, ne doit respirer que la grandeur et la piété; il est un des plus beaux ornements du culte catholique et contribue, par ses accents mélodieux et ses suaves harmonies, à rehausser l'éclat et la pompe de nos fêtes et de nos cérémonies.

Malheureusement le lutrin n'est plus dans nos campagnes ce qu'il était autrefois; ici il est languissant, là il est complètement abandonné. Faut-il, vénérés confrères, rester dans cette déplorable situation sans faire la moindre tentative? Non, mille fois non; les méchants se servent de la musique profane pour pervertir les cœurs, servons-nous de la musique religieuse pour convertir les âmes.

N'a-t-on pas vu des pécheurs endurcis rester insensibles à l'audition de la parole divine et se laisser émotionner et attendrir au seul chant de ce cantique si simple, mais si touchant : *Reviens, pécheur, à ton Dieu qui t'appelle.*

Moi-même, je vous l'avoue sincèrement, je ne puis jamais entendre sans être saisi et touché de componction les productions merveilleuses du R. P. Hermann, dont les paroles simples, mais sublimes, sont à la hauteur de la musique.

L'introduction de la musique religieuse dans nos cérémonies est donc pour moi comme une fonction sacerdotale, qui a son importance et son utilité pour ramener les indifférents et les pécheurs à nos églises, qui commencent à devenir désertes dans quelques paroisses; pour cela, trois choses sont nécessaires : un orgue ou un harmonium, un organiste, une méthode de plain-chant.

1° *L'Orgue.* — Rien de plus facile que de se procurer un petit orgue ou un harmonium; il suffit que Monsieur le Curé, la fabrique ou une âme charitable veuille faire une dépense de 200 à 300 fr. J'ai une maison sûre où l'on peut acheter avec toute confiance et à prix réduits.

2° *L'Organiste.* — C'est chose plus difficile à trouver : néanmoins, tout curé a dans sa paroisse un jeune homme ayant la voix juste, du goût et de l'aptitude pour le chant; il n'en faut pas davantage pour commencer; mettez une méthode bien faite entre ses mains, et vous verrez que bientôt, sans le secours d'aucun maître, il touchera la messe de 1re classe à l'admiration de toute la paroisse.

3° *La Méthode.* — J'ai étudié un grand nombre de méthodes; j'ai trouvé du bon dans toutes, mais des lacunes dans plusieurs. Mon but a été de les combler, en consignant dans une nouvelle méthode l'acquis de ma propre expérience et le tribut de mes faibles lumières; en d'autres termes, voici quel a été mon projet :

1° Faire une méthode théorique et pratique, mais avant tout pratique.

2° Placer sous le plain-chant l'accompagnement en musique, en faveur de ceux qui ne connaissent pas le plain-chant.

3° Ramener l'accompagnement du plain-chant à une seule clef; de cette manière, toutes les difficultés qui résultent du changement de clef se trouvent résolues, et, avec ce nouveau système, l'organiste peut toucher le premier morceau venu avec autant de sûreté que s'il en avait fait une étude préparatoire.

4° Donner des accords *tout faits* plutôt que des accords *à faire;* j'ai reconnu que les accords à faire, représentés par des chiffres ou des lettres, ne font que décourager les élèves, qui se rebutent ordinairement aux premières difficultés.

5° Tracer les principales règles de l'harmonie pour accompagner un morceau correctement.

Laudate Dominum in tympano et choro : laudate eum in chordis et organo. (Ps. CL.)

PREMIÈRE PARTIE.

NOTIONS PRÉLIMINAIRES.

Le plain-chant est le chant de l'Eglise : c'est une musique simple, grave et religieuse, qui rend les prières du culte plus imposantes et plus solennelles; on l'appelle plain-chant parce qu'il est simple et uni. Pour écrire le plain-chant, on emploie des signes de convention ; ces signes sont appelés : *portée, notes, clefs, guidons, bémol, bécarre, dièse, barres, pauses* ou *silences*. La réunion de ces signes est appelée *notation*.

Portée.

On appelle portée quatre lignes parallèles superposées à égale distance, parce qu'elle porte les notes et tous les autres signes du plain-chant.

Portée

4e ligne
3e ligne
2e ligne
1re ligne

3e interligne
2e interligne
1er interligne

ligne supplémentaire

Des Notes.

Les notes sont les signes que l'on place sur la portée, soit sur les lignes, soit dans les intervalles des lignes, qu'on appelle interlignes. Les notes représentent les sons et leur durée temporaire, leur forme indique si le mouvement est long, modéré ou rapide : note à queue, mouvement grave ; note carrée, mouvement modéré ; losange, mouvement rapide.

Rapport entre les notes du Plain-Chant & de la Musique.

Notation en plain-chant.		*Notation en musique.*
La double carrée		vaut une blanche
La carrée simple		vaut une noire
La losange ou brève		vaut une croche

Les notes sont au nombre de sept, dont voici les noms : *ut, ré, mi, fa, sol, la, si* et *ut* qui est la répétition de la première ; leur réunion s'appelle *gamme*, qui est composée de cinq tons et deux demi-tons.

Le *dièse* élève d'un demi-ton la note devant laquelle il est placé.

Le *bémol* baisse d'un demi-ton la note devant laquelle il est placé.

Le *bécarre* détruit l'effet du dièse ou du bémol et rétablit la note diésée ou bémolisée dans son ton naturel.

Le dièse et le bémol accidentels n'ont d'effet que dans la mesure où ils se trouvent : si le bémol se trouve à la clef, par exemple sur le *si*, tous les *si* se trouvent bémolisés.

Le Guidon.

Le *guidon* ne se chante point, c'est un signe qui guide le chantre en lui indiquant d'avance quelle est la première note de la portée suivante.

Barres.

Les *barres* sont des lignes perpendiculaires qui traversent la portée : la petite indique un repos léger; la grande, un silence plus prolongé; la double, la reprise du chant par l'autre chœur ou la fin du morceau.

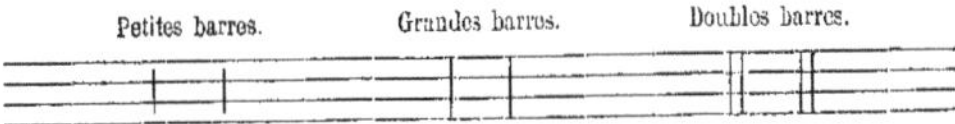

Des Clefs.

La clef donne son nom à la note qui se trouve sur la même ligne qu'elle : il suffit donc de connaitre une note pour connaitre aussitôt le nom de toutes les autres.

Il y a dans le plain-chant deux sortes de clefs : la clef d'*ut*, qui a deux crochets et qui se place sur la 2e, la 3e et la 4e ligne; puis la clef de *fa*, qui a trois crochets et se place sur la 3e ligne et plus rarement sur la 2e.

Pour faire les chutes justes, il faut chanter d'abord avec l'instrument, ensuite essayer sans l'instrument.

Etude des intervalles.

Comme les notes ne suivent pas toujours la marche progressive de la gamme et qu'on est obligé d'en passer plusieurs pour arriver à la note demandée, l'étude des intervalles devient indispensable.

On appelle intervalle la distance d'une note à une autre.

Il y a intervalle de *seconde* lorsqu'on passe d'une note quelconque à la suivante, comme d'*ut* à *ré*, de *ré* à *mi*.

Il y a intervalle de *tierce* quand il se trouve une note intermédiaire entre les deux notes qu'on solfie, comme d'*ut* à *mi*, de *mi* à *sol*.

Il y a intervalle de *quarte* quand il se trouve deux notes intermédiaires entre les deux notes qu'on solfie, comme d'*ut* à *fa*, de *sol* à *ut*.

Il y a intervalle de *quinte* quand il se trouve trois notes intermédiaires entre les deux notes qu'on solfie, comme d'*ut* à *sol*, de *fa* à *ut*.

Les intervalles de *sixte*, de *septième* et d'*octave* ne se présentent pas ou très rarement dans le plain-chant.

Progression par secondes ascendantes. — *Progression par secondes descendantes.*

Il y a dans cette progression deux espèces de secondes : si les notes sont à la distance d'un ton de l'une à l'autre, l'intervalle est d'une seconde *majeure;* si elles ne sont à la distance que d'un demi-ton, l'intervalle est d'une seconde *mineure.*

Progression par tierces ascendantes. — *Progression par tierces descendantes.*

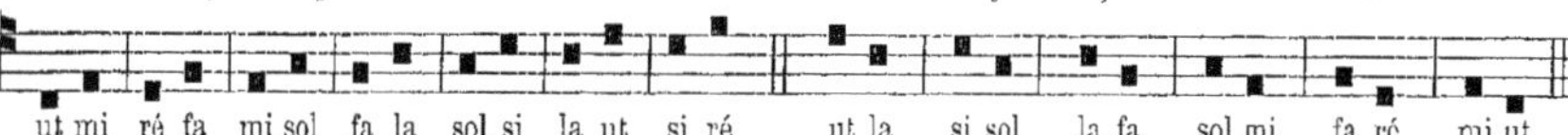

Les tierces sont de deux espèces : *majeures* quand il y a deux tons d'intervalle d'une note à l'autre, *mineures* quand il n'y a qu'un ton et demi.

Progression par quartes ascendantes. — *Progression par quartes descendantes.*

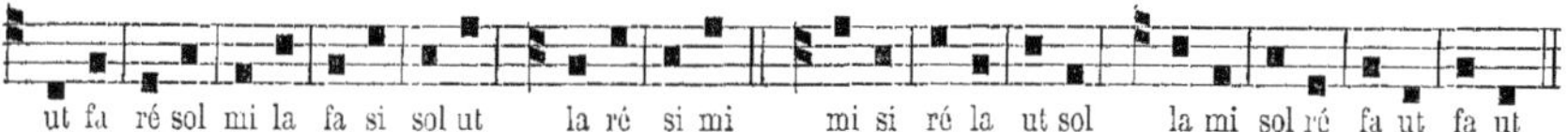

Les quartes sont de deux espèces : quand il y a deux tons et demi entre les deux notes, c'est l'intervalle de quarte *juste;* quand il y a trois tons, c'est l'intervalle de quarte *majeure.*

Progression par quintes ascendantes. — *Progression par quintes descendantes.*

Il y a deux espèces de quintes : elles sont appelées *justes* quand il y a trois tons et demi d'intervalle entre les deux notes, et *mineures* quand il n'y a que trois tons d'intervalle.

Primitivement, on notait les chants avec les caractères de l'alphabet placés sur une même ligne, ce qui en rendait la lecture pénible et l'exécution difficile.

Voici quels étaient ces caractères; on a mis au-dessous les notes correspondantes.

A	B	C	D	E	F	G	a	b	c	d	e	f	g
la	si	ut	ré	mi	fa	sol	la	si	ut	ré	mi	fa	sol

Les lettres *majuscules* désignaient les sons graves, et les *minuscules* les sons de l'octave supérieure.

Ce fut le célèbre Gui d'Arezzo, religieux bénédictin dans un couvent du duché de Ferrare, en Italie, qui inventa la notation actuelle; on ne retint les caractères de l'ancienne que pour indiquer les notes finales des tons dans les antiennes et les psaumes.

Vers la fin du IVe siècle, saint Ambroise, archevêque de Milan, composa à l'usage du culte catholique quatre tons auxquels on donna le nom d'*authentiques, primitifs* ou *supérieurs.*

Les quatre tons authentiques de saint Ambroise sont :

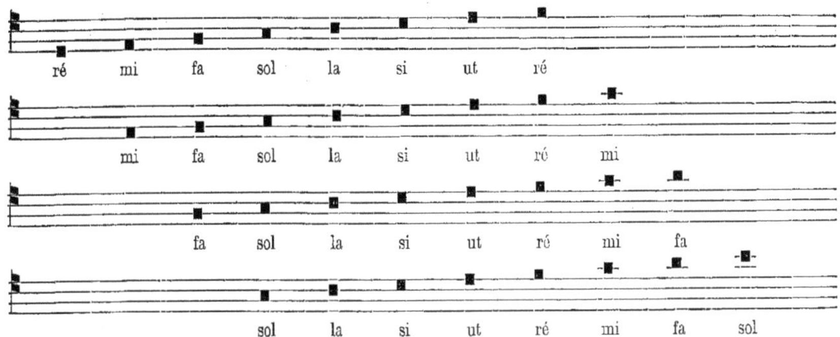

Vers la fin du VIe siècle, saint Grégoire le Grand, ayant reconnu que ces quatre tons ne suffisaient plus, en ajouta quatre autres par le renversement d'une partie de la gamme des quatre premiers, et auxquels on donna le nom de *plagaux, secondaires* ou *inférieurs.* Il prit la quinte ou les cinq premières notes *(ré, mi, fa, sol, la)* du 1er ton de saint Ambroise, et au lieu de continuer la gamme *(la, si, ut, ré)* en montant, il plaça ces quatre notes sous la finale *ré* et obtint la gamme suivante : *la, si, ut, ré, mi, fa, sol, la,* qui constitue le premier ton plagal de saint Grégoire. Il fit subir le même changement aux trois autres, ce qui éleva au nombre de huit les tons que l'Eglise a universellement adoptés. La finale resta la même, mais, par ce renversement, elle fut placée vers le milieu de la gamme.

Les quatres tons plagaux de saint Grégoire sont :

On ne reconnaît généralement que 8 tons; cependant, comme plusieurs en comptent 12 et d'autres 14, nous croyons utile de donner ici la théorie de ces 14 tons ou modes, dont les 6 derniers ne sont que la transposition à peu près exacte des 6 premiers à une quinte supérieure.

Théorie des 14 modes.

Les 14 modes sont établis sur les sept notes *ut, ré, mi, fa, sol, la, si :* sur chacune de ces sept notes on a formé l'échelle de deux modes qui ont la même finale, l'un est appelé *authentique* et l'autre *plagal.* Ces modes diffèrent entre eux par la position de leurs *finales* et de leurs *dominantes.*

La finale ou tonique est la note sur laquelle se termine un morceau de chant.

La dominante est la note qui domine, qui se fait entendre le plus souvent, et autour de laquelle tourne la mélodie. Souvent elle sert de repos à tous les psaumes se chantant sur la même dominante.

Les modes impairs ou authentiques sont les 1er, 3e, 5e, 7e (9e, 11e, 13e) ; ils ont leur finale à la note la plus grave de la gamme.

Les modes pairs ou plagaux sont les 2e, 4e, 6e, 8e (10e, 12e, 14e); ils ont leur finale vers le milieu de la gamme, c'est-à-dire une quinte au-dessus de la gamme authentique, ou une quarte au-dessous.

Les modes authentiques ont la dominante à la quinte ou cinquième note au-dessus de la finale, excepté le 3e et le 11e mode, qui l'ont à la sixte ou sixième note au-dessus de la finale.

Les modes plagaux ont leur dominante à la tierce ou troisième note au-dessus de la finale, excepté les 4e, 8e et 12e, qui l'ont à la quarte ou quatrième note au-dessus de la finale.

Les tons mixtes sont ceux qui réunissent l'authentique et le plagal.

Tableau des 14 modes.

Les finales et les dominantes sont indiquées en gros caractères.

Les 4 tons authentiques de saint Ambroise et les 4 tons plagaux de saint Grégoire réunis ensemble.

Mode	N°					(Finales)							
Authentique,	1er mode					RÉ	mi	fa	sol	LA	si	ut	ré
Plagal,	2e	—	la	si	ut	RÉ	mi	FA	sol	la			
Authentique,	3e	—				MI	fa	sol	la	si	UT	ré	mi
Plagal,	4e	—	si	ut	ré	MI	fa	sol	LA	si			
Authentique,	5e	—				FA	sol	la	si	UT	ré	mi	fa
Plagal,	6e	—	ut	ré	mi	FA	sol	LA	si	ut			
Authentique,	7e	—				SOL	la	si	ut	RÉ	mi	fa	sol
Plagal,	8e	—	ré	mi	fa	SOL	la	si	UT	ré			
Authentique,	9e	— (1er en *A*)				LA	si	ut	ré	MI	fa	sol	la
Plagal,	10e	— (2e en *E*)	mi	fa	sol	LA	si	UT	ré	mi			
Authentique,	11e	— (3e en *B*) inusité				SI	ut	ré	mi	fa	SOL	la	si
Plagal,	12e	— (4e en *F*)	fa	sol	la	SI	ut	ré	MI	fa			
Authentique,	13e	— (5e en *C*)				UT	ré	mi	fa	SOL	la	si	ut
Plagal,	14e	— (6e en *G*)	sol	la	si	UT	ré	MI	fa	sol			

Le 1er mode authentique a *ré* pour finale et *la* pour dominante.

Le 2e ton plagal a aussi *ré* pour finale et *fa* pour dominante. (Voir le tableau ci-dessus pour les autres tons.)

Règles pour accompagner le plain-chant.

1re Règle. — On doit toujours chanter ou jouer le plain-chant tel qu'il est écrit ; il n'est jamais permis d'altérer aucune note par un dièse ou par un bémol : cependant, quand on trouve un sol entre deux *la*, ou un *ut* entre deux *ré*, si le *la* ou le *ré* sont suivis d'un repos, l'oreille demande que le *sol* et l'*ut* soient diésés.

2e Règle. — On ne doit employer dans l'accompagnement du plain-chant que des accords parfaits majeurs ou mineurs : l'accord parfait se compose de la *tonique*, de la *tierce*, de la *quinte*, et de l'*octave*; on peut donc former l'accord parfait de toutes les notes *ut, ré, mi, fa, sol, la, si, ut*, en prenant chacune d'elles pour basse ou tonique.

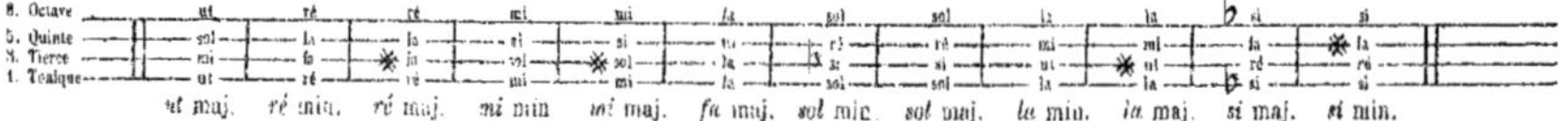

Il résulte de l'exemple ci-dessus que les accords, pour accompagner le plain-chant, sont au nombre de 12, tant majeurs que mineurs. L'accord est majeur quand de la tonique à la tierce il y a deux tons (*ut* à *mi*). L'accord est mineur quand de la tonique à la tierce il n'y a qu'un ton et demi (*ré* à *fa*).

Outre ces accords, quelques accompagnateurs, confondant le plain-chant avec la musique, admettent l'accord de 7e dominante. Quoique cet accord doive être rejeté par l'accompagnateur, il n'est pourtant pas inutile de savoir en quoi il consiste; c'est l'accord parfait, dont la 8e note est remplacée par la 7e.

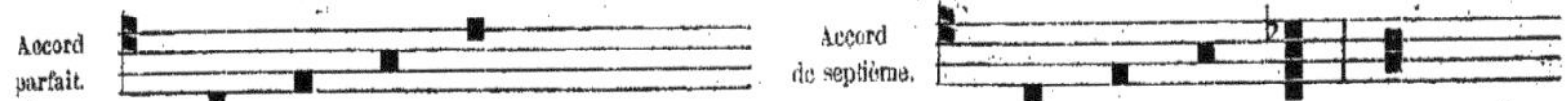

Remarque. — L'octave n'étant que la répétition de la tonique, chaque accord parfait n'est donc réellement formé que de trois notes; ces notes peuvent être disposées de manière à être chacune ou à la basse, ou au milieu, ou au sommet de l'accord; ainsi *ut, ré, mi*, qui composent l'accord d'ut majeur, peuvent être disposés ainsi :

Si la tonique est en bas, c'est l'accord parfait; si c'est la tierce, c'est le 1er renversement; si c'est la quinte, c'est le 2e; mais, de quelque manière que ces notes soient disposées, elles forment toujours l'accord d'*ut*.

3e Règle. — Dans les accompagnements du plain-chant, il faut éviter les *quintes* et les *octaves* consécutives entre les mêmes parties par mouvement semblable. Pour bien comprendre cette règle, quelques observations sont nécessaires.

Premièrement. Il y a intervalle de quinte entre deux notes, quand de l'une à l'autre il y a la distance de 5 degrés de la gamme naturelle (ou 3 tons 1/2).

Il y a intervalle d'octave quand de l'une à l'autre il y a la distance de 8 degrés de la gamme naturelle (6 tons).

Il y a mouvement *semblable* entre deux parties, quand toutes deux montent ensemble ou descendent ensemble.

Il y a mouvement *contraire* entre deux parties quand l'une monte et l'autre descend.

Il y a mouvement *oblique* entre deux parties, quand l'une garde la même note tandis que l'autre monte ou descend.

Il y a mouvement *parallèle* quand toutes les parties se tiennent à égale distance les unes des autres sans monter ni descendre.

Exemple.

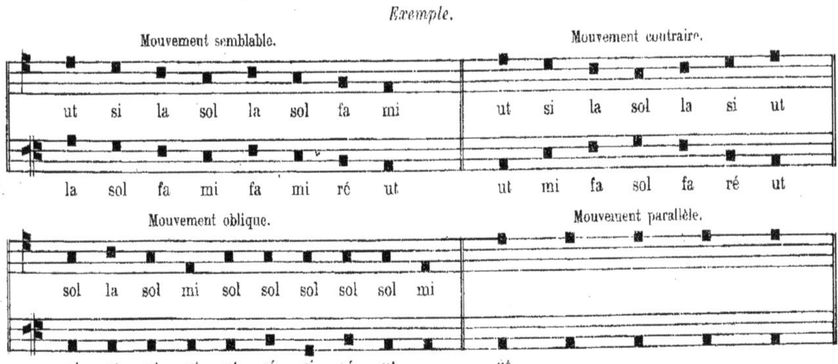

Ces observations faites, expliquons la règle.

Il faut éviter les quintes et les octaves consécutives par mouvement *semblable* entre les mêmes parties, c'est-à-dire : quand deux parties montent ensemble ou descendent ensemble, il ne faut pas qu'il y ait entre elles deux fois de suite un intervalle de quinte ou un intervalle d'octave.

Sont *défendues* les quintes et les octaves consécutives entre les mêmes parties par mouvement semblable.

8 5 8 8 5 8 8 5 8 8 5 8

Le chiffre 8 indique les octaves, et le chiffre 5 les quintes.

Sont *permises* les quintes et les octaves consécutives entre des parties différentes.

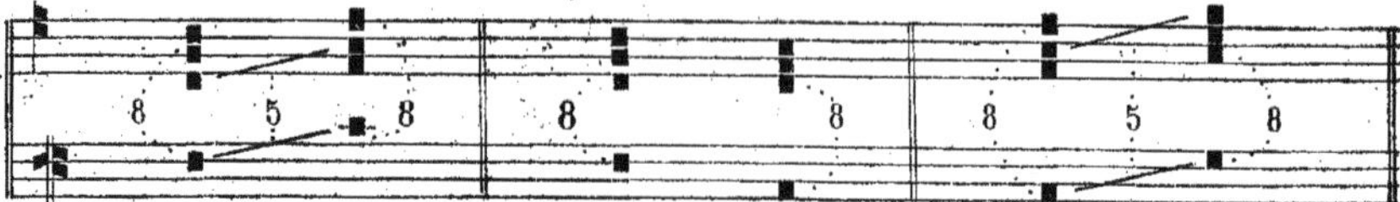

Sont *permises* les quintes et les octaves consécutives entre les mêmes parties quand le mouvement est contraire.

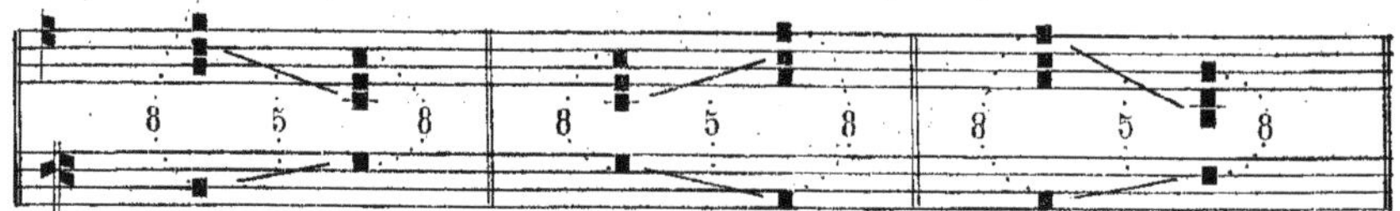

Pour éviter les fautes signalées dans cette règle, il y a un moyen bien facile, c'est d'employer toujours le mouvement contraire : si le chant monte, faire descendre la basse, et réciproquement.

4ᵉ Règle. — Il faut, tout en observant les règles précédentes, donner de la variété à l'accompagnement du plain-chant. Pour observer cette règle, il faut éviter de répéter toujours les mêmes notes à la basse.

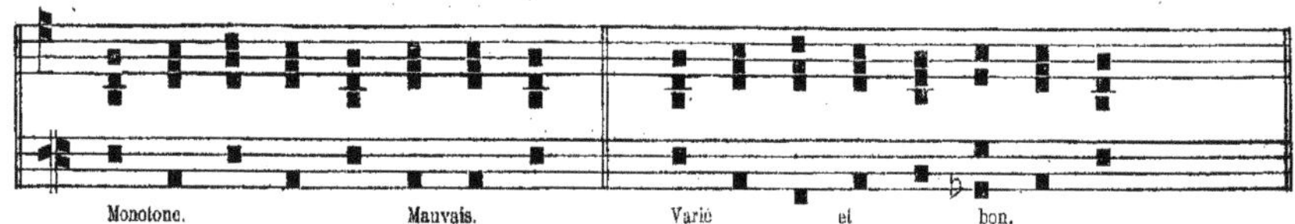

Des Tons ou Modes. (De leur origine.)

Dans le plain-chant moderne, on ne compte que 8 modes, auxquels on a donné le nom des peuples de la Grèce chez lesquels ils étaient en usage : voici leur nomenclature :

Le 1ᵉʳ mode s'appelle *dorique* ; il est d'une gravité pompeuse et mâle (*gravis*).
Le 2ᵉ mode — *sous-dorique* ; il est triste et plaintif (*tristis*).
Le 3ᵉ mode — *phrygien* ; il exprime les sentiments mystiques (*mysticus*).
Le 4ᵉ mode — *sous-phrygien* ; il est doux, suppliant, plein de larmes affectueuses (*harmonicus*).
Le 5ᵉ mode — *lydien* ; il est joyeux, rempli de force et d'animation (*lætus*).
Le 6ᵉ mode — *sous-lydien* ; il est aimable, tendre et imprégné de douceur (*devotus*).
Le 7ᵉ mode — *myxolydien* ; il est doux et angélique (*angelicus*).
Le 8ᵉ mode — *sous-myxolydien* ; il est parfait de calme et de quiétude (*perfectus*).

Des Tons ou Modes du plain-chant. (De leur tonalité.)

Généralement parlant, on ne compte que 8 tons dans le plain-chant.

Les 4 premiers sont *mineurs*, parce que la première tierce est mineure (1 ton 1/2, de *ré* à *fa*).

Les 4 autres sont *majeurs*, parce que leur première tierce est majeure (2 tons, de *fa* à *la*).

Mais comment distinguer s'il s'agit du 1ᵉʳ ton, du 2ᵉ, du 3ᵉ, du 4ᵉ, du 5ᵉ, du 6ᵉ, du 7ᵉ, du 8ᵉ? Le voici :

Dans toute mélodie liturgique, outre la note finale, il y en a ordinairement une autre qui est comme la reine et la maîtresse des autres notes du morceau : c'est sur elle que le chant roule, va et revient ; c'est elle qui, le plus fréquemment rebattue, sert de pivot, avec la finale, aux formes de la mélodie de chaque mode ; et de même que la circonstance de la position a mérité le nom de *finale* à la dernière note d'un morceau, de même la fréquence de la répétition a valu celui de *dominante* à l'autre note dont il est ici question, parce qu'elle semble, en effet, dominer toutes les autres.

Cette dominante (1) est *la* pour le 1er mode ; *fa* pour le 2e ; *ut* pour le 3e ; *la* pour le 4e ; *ut* pour le 5e ; *la* pour le 6e ; *ré* pour le 7e ; *ut* pour le 8e. Ainsi on a :

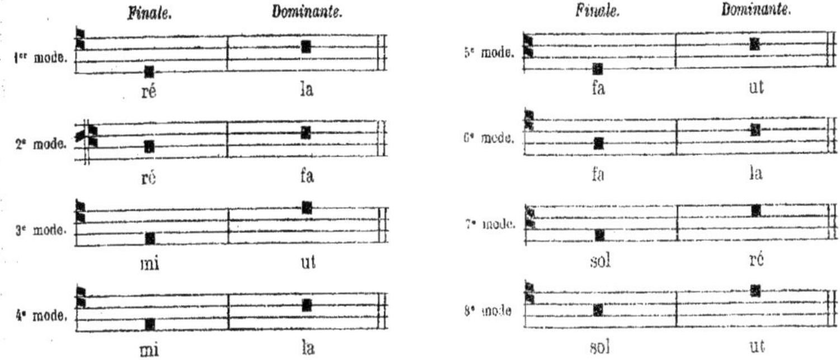

D'après ce qui précède, il faut donc s'assurer quelle est la dominante d'un morceau qui a *ré* pour finale. Si la dominante est *la*, ce sera le 1er mode ; si c'est *fa*, ce sera le 2e mode ; ainsi de suite pour les autres modes. Voilà la règle générale pour trouver le ton d'un morceau de chant.

Cependant la connaissance de la finale et de la *dominante* n'est pas un moyen toujours sûr de déterminer le mode d'une pièce de chant ; il y a des morceaux de plain-chant dont la vraie finale n'est pas la note qui les termine ; ainsi la finale des grands répons n'est pas à la fin des versets, mais bien à la fin des répons eux-mêmes. Si la mélodie de ces répons n'est pas assez développée, l'espèce de quarte, de quinte ou de sixte qui sert de début aux versets lèvera toute incertitude à cet égard.

Si le répons finit par *ré*, et que le verset commence par *la*, *ré* ou *ré*, *la*,

le morceau est du 1er mode.

Si un répons finit par *ré*, et que le verset commence par la quarte (*ut*, *ré*, *fa*),

le morceau est du 2e mode.

Si un répons finit par *mi*, et que le verset commence par *ut*,

le morceau est du 3e mode, la sixte mineure étant la marque caractéristique de ce mode.

Si un répons finit par *mi*, et que le verset commence par *la*,

le morceau est à cause de cette quarte du 4e ton.

Si un répons finit par *fa*, et que le verset commence par *ut* ou des notes qui mènent immédiatement à cette quinte,

le morceau est du 5e ton.

Si un répons finit par *fa*, et que le verset commence par la quarte (*fa*, *sol*, *la*, *si* bémol),

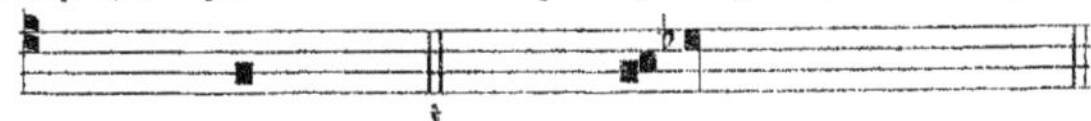

le morceau est du 6e ton.

(1) Il ne faut pas confondre la dominante de la psalmodie avec la dominante du chant romain, qui est la moitié d'une note que l'on place immédiatement après la clef pour indiquer en quel ton le morceau de chant est écrit.

Si un répons finit par *sol*, et que le verset commence par un intervalle qui forme quinte avec ce *sol*.

le morceau est du 7e ton.

Si un morceau finit par *sol*, et que le verset débute par une note ou un intervalle accusant la quarte (*sol, ut*),

le morceau est du 8e mode.

On voit par ce qui précède combien il importe de connaître les intervalles constitutifs de chaque mode, intervalles ci-dessous, et qu'il ne faut pas oublier.

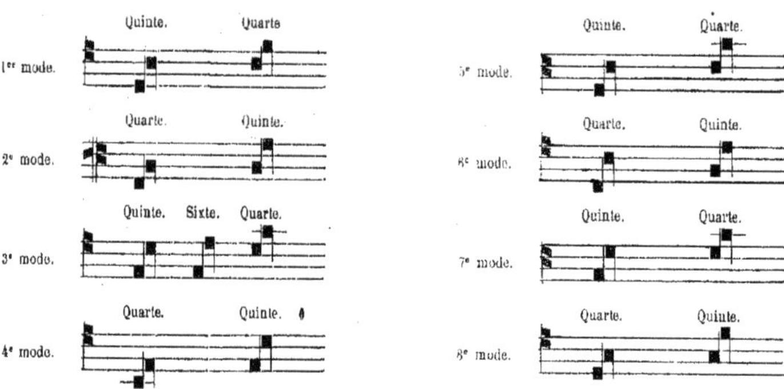

Enfin, un autre moyen plus facile de connaître le ton de toute espèce de morceaux, c'est de trouver la tierce, et si la tierce ne suffit pas, chercher la quinte.

Tableau des accords parfaits du plain-chant notés en musique.

Quelques auteurs font les accompagnements ci-dessus en détruisant les dièses et en conservant seulement le bémol.

(*) Note nulle en plain-chant, parce qu'il faudrait diéser le *fa*, ce qui est opposé aux principes du plain-chant ; si on le rencontre, on fait l'accord du 1er ton.

Il faut convenir que l'accompagnement du plain-chant n'est pas si facile qu'on veut bien le dire; ce qui augmente les difficultés, c'est cette clef d'ut, qui se place tantôt sur la 2e ligne, tantôt sur la 3e, et enfin sur la 4e. En changeant la clef de ligne, on change par le fait les notes de place. Cette variation perpétuelle de clef rend donc l'étude du plain-chant difficile et pénible, surtout pour les personnes qui n'ont que peu de temps à y consacrer.

Consolez-vous et veuillez bien ne pas vous décourager. Voici un moyen très simple et très facile de réduire et de restreindre les *quatorze* modes du plain-chant à *un seul*, en adoptant pour tous une seule clef : *c'est la clef d'ut sur la 4e ligne*. De cette manière, les sept notes de la gamme ne changent plus de place ni de nom, quelle que soit la clef. Cette simplification est d'un avantage immense, non seulement pour les faibles, mais encore pour ceux qui ont déjà une certaine habileté sur l'orgue.

Pour arriver à obtenir ce résultat, il faut observer la règle suivante :

Placer à la clef tous les accidents, dièses ou bémols, qu'exige la tonalité de chaque morceau.

D'après ce système disparaissent toutes les difficultés, soit de lecture, soit d'accompagnement du plain-chant écrit avec des clefs différentes et placées sur toutes les lignes.

AVANTAGES DE CE SYSTÈME.

Vous savez qu'il y a en plain-chant des tons que l'on ne peut pas jouer ou chanter tels qu'ils sont écrits, comme le 2e, le 5e, le 7e ; il est donc nécessaire de transposer, autrement ce n'est plus chanter, c'est crier.

Le premier avantage, c'est d'avoir toujours une tonalité uniforme, c'est-à-dire *la* pour diapason ; on évite, de cette manière, de chanter ou trop haut ou trop bas.

Le deuxième, c'est de n'avoir plus qu'une clef au lieu de trois ou quatre.

A QUOI FAUT-IL FAIRE ATTENTION DANS CE NOUVEAU SYSTÈME ?

1° Il faut jouer sans faire attention aux différentes clefs, comme si c'était la clef d'ut, 4e ligne.

2° Ajouter les dièses ou les bémols, comme c'est indiqué au tableau ci-dessous.

3° Examiner promptement dans quel ton l'on est pour ajouter les accidents nécessaires à chaque ton.

Pour mieux faire comprendre notre pensée, nous allons donner un tableau des quatorze modes, et à côté les tons tels qu'ils doivent être modifiés pour être touchés sur la clef d'ut, 4e ligne.

Système de transposition.

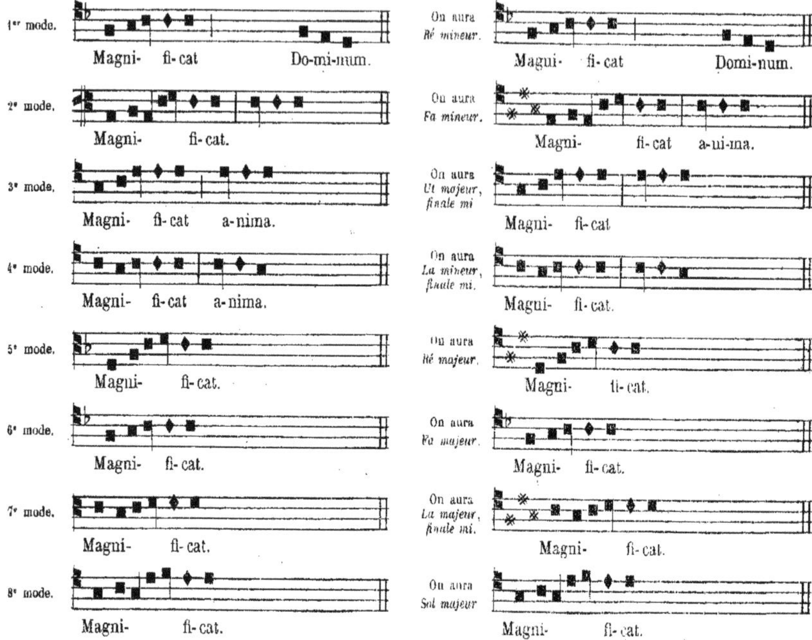

Dans ce 8e ton, le *fa* est toujours diésé quand il se trouve entre deux toniques; cette remarque s'applique à tous les tons, surtout aux modes mineurs.

Celui qui aura étudié sérieusement ce tableau pourra exécuter très facilement toute espèce de chant sur la clef d'ut 4e ligne, pour peu qu'il soit initié à la valeur des dièses et des bémols. L'expérience que nous avons faite de ce système nous donne pour les autres la certitude du plus prompt succès.

DEUXIÈME PARTIE.

PSALMODIE.

Application des paroles liturgiques aux notes.

Il ne suffit pas de connaître les signes ou caractères du plain-chant ni de posséder les notions de ses transformations si variées. Cette étude théorique n'est que le prélude indispensable d'une autre étude d'autant plus importante qu'elle contribue à l'exécution plus ou moins parfaite du chant, qui joue un si grand rôle dans nos solennités religieuses.

L'essentiel donc maintenant est de savoir ce qu'il faut observer, puis ce qu'il faut éviter quand on joint les paroles aux notes.

Règles à observer dans le chant.

La première observation à faire, c'est de bien faire attention, avant de chanter, *dans quel ton le morceau est écrit;* pour cela, il faut rechercher la position de la clef et se rappeler que les quatre premiers sont mineurs et que les quatre autres sont majeurs.

2° *Il faut donner aux notes leur valeur de durée.*

Il est d'usage de donner à l'exécution du plain-chant moderne un mouvement régulier, uniforme, alternatif. Ce genre d'exécution n'est pas en harmonie avec le style du chant romain : celui-ci n'est pas mesuré, mais il a son rythme, ses cadences et ses modulations; ainsi :

La *carrée double* exprime une suspension, soit pour l'effet de la phrase du chant, soit pour fixer l'idée d'un mot.

La *note à queue*, moins longue que la précédente, doit être accentuée; elle se combine avec les communes et les brèves pour rendre des formules mélodiques qui ne sont jamais sans expression et ne sont pas, comme on l'a dit, une superfétation de notes accumulées, sans valeur et sans raison d'être.

La *commune* ou *carrée simple* répond à peu près à la brève du chant moderne; on doit passer dessus légèrement, avec douceur, surtout quand il s'en trouve plusieurs réunies sur une même syllabe.

La *brève* peut être regardée comme note d'agrément.

3° *On doit, en chantant, s'arrêter aux barres.*

Les barres, dans la liturgie romaine, n'ont pas la même signification que dans le chant moderne; ainsi, dans le chant moderne, chaque mot est séparé par une petite barre; la grande barre n'y est employée en général que pour couper le sens des propositions du texte sacré et la fin de ces mêmes propositions : la double barre sert à marquer la fin de l'intonation d'un verset, d'une antienne, ou la fin d'une pièce de chant.

Dans le chant romain, au contraire, l'usage des barres est bien différent.

La *petite barre* ne désigne qu'un repos de très courte durée, le temps nécessaire pour respirer : elle sépare toutes les formules mélodiques de longue haleine, afin d'en prévenir la confusion, car l'essence du chant romain étant l'expression, il serait impossible de rendre une phrase expressive, surtout très longue, si, comme dans la langue latine ou française, on ne séparait pas d'un signe quelconque chacun des membres qui constituent l'ensemble de la phrase.

La *grande barre* a un usage à peu près semblable, avec cette différence que, tout en indiquant la fin d'une proposition latine, elle indique aussi la suspension d'une phrase musicale et l'ensemble d'une formule mélodique, afin de leur donner plus d'expression et de sentiment.

On peut aussi donner pour règle, qu'un intervalle d'une barre à une autre ne doit être interrompu par aucune reprise de la respiration; chaque membre de phrase dans le chant romain a été disposé de manière à obtenir ce résultat; il faut donc donner à chaque syllabe toutes les notes qui lui sont attribuées : ce mode d'exécution devient facile en s'arrêtant aux barres; chaque contexture de phrase est disposée de manière à ne contenir qu'un certain nombre de notes susceptibles d'être chantées d'une seule émission de voix.

Enfin il ne faut jamais donner toute la plénitude de la voix *d'une manière continue.*

Le chant doit avoir ses nuances douces ou énergiques, selon la circonstance : la voix doit prendre tantôt de l'expansion, de la sonorité; tantôt il faut la restreindre, la diminuer, afin qu'après avoir été ménagée, elle s'anime, se développe avec goût et avec expression.

Des différentes espèces de chant.

Les anciennes méthodes reconnaissent trois sortes de chant : le *chant battu, coulé* et *mesuré.*

Du chant battu. — L'usage reçu dans le chant moderne est de donner aux notes une valeur de durée qui permet d'exécuter le chant avec un mouvement correspondant à la mesure à deux temps adoptée dans la musique. Ainsi, la *carrée double* vaut deux temps; la *commune,* un temps; la *note à queue,* toujours placée devant une brève, vaut un temps et demi; la *brève,* un demi-temps. Ce chant est entièrement opposé au rythme du chant romain et ne se prête que difficilement à l'harmonie.

Du chant coulé. — Ce second genre est celui du chant romain : les règles à observer pour la bonne exécution du chant coulé consistent à donner aux syllabes la quantité prosodique qui leur est propre. Les syllabes se divisent en quatre catégories.

1° Les *syllabes longues accentuées,* qui sont surmontées d'un accent aigu, exigent un certain repos de la voix, afin de glisser pour ainsi dire sur les syllabes brèves suivantes. Dans les mots de deux syllabes, la première est toujours longue (en ce sens que la voix doit toujours appuyer sur elle); dans ceux de plus de deux syllabes, c'est la pénultième, si elle est longue de sa nature; si elle ne l'est pas, on accentue alors l'antépénultième.

2° Les *syllabes communes*, qui ne sont ni accentuées ni brèves de leur nature, peuvent devenir brèves ou longues, selon leur position.

3° Les *brèves* sont celles qui, par leur nature prosodique ou par leur position, n'exigent aucun repos : en général on peut donner cette règle, qu'une voyelle est brève quand elle est suivie, dans le même mot, d'une autre voyelle, à moins que ce mot ne soit composé de deux syllabes.

4° On distingue encore les *brèves accidentelles.* Par exemple, lorsqu'un participe est suivi du mot *est,* la dernière syllabe de ce participe doit être brève; ou bien encore, lorsqu'un verbe est suivi des monosyllabes *me, te, se,* la dernière syllabe de ce verbe devient brève, à moins qu'elle ne soit précédée d'une syllabe brève de sa nature prosodique; dans ce second cas, on met l'accentuation sur l'antépénultième.

Exemples.

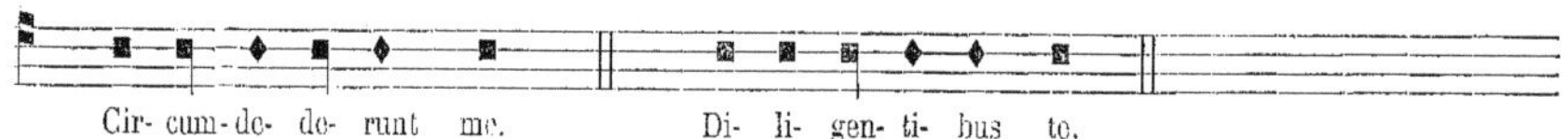

Et encore devons-nous faire remarquer que cette dernière exception ne s'applique pas à la terminaison des psaumes, qui doit se faire comme il suit :

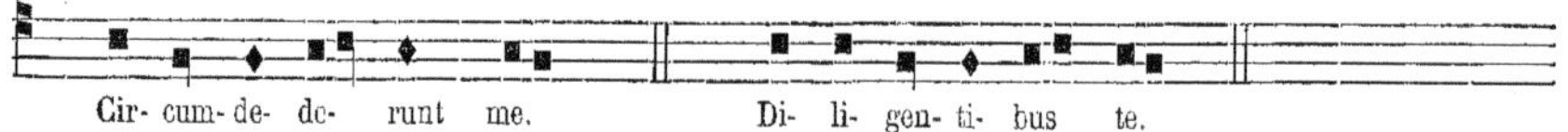

De la Psalmodie.

La psalmodie est l'art de chanter les psaumes et cantiques divers.

Il y a deux sortes de psalmodies : la psalmodie *simple* et la psalmodie *solennelle.*

La première concerne les psaumes et aussi le *Magnificat* des dimanches ordinaires.

La deuxième comprend les cantiques, c'est-à-dire le *Magnificat* et le *Benedictus.*

La psalmodie se divise en quatre parties : l'*intonation*, la *teneur* ou *dominante*, la *médiation* et la *terminaison*.

L'intonation n'est propre qu'au premier verset, les suivants commencent par la teneur, afin de rendre la psalmodie plus coulante. Cependant l'intonation se recommence à chaque verset dans le chant solennel du *Magnificat* et du *Benedictus*.

La teneur : le nombre de notes qu'on chante sur le même degré jusqu'à la médiation, qui fait le premier repos, s'appelle teneur.

La médiation : c'est le chant des dernières syllabes de la première partie de chaque verset ; le repos qui se fait après chaque médiante doit être sensible et se marque ordinairement par un astérisque ou petite étoile.

La terminaison est la manière de terminer mélodiquement chaque verset des psaumes et des cantiques. La terminaison de tout psaume et de tout cantique peut être *complète* ou *incomplète :* elle est incomplète lorsqu'elle s'arrête sur un des degrés de l'échelle du mode sans arriver à la finale ; alors la lettre qui indique cette terminaison est minuscule. Pour qu'une terminaison soit complète, elle doit s'arrêter à la finale du mode, et on la désigne dans ce cas par une lettre majuscule (D E F).

Chaque ton a deux intonations, une intonation *simple* et une *solennelle :* l'intonation simple pour les psaumes, elle commence le psaume ou le cantique par la teneur ou dominante du mode, et l'intonation solennelle pour les cantiques ; cette dernière est solennelle à partir des fêtes de 3e, 2e et 1re classes : dans ce cas, l'Antienne se double, c'est-à-dire se chante tout entière avant et tout entière après le *Magnificat*.

1er TON PSALMODIQUE.

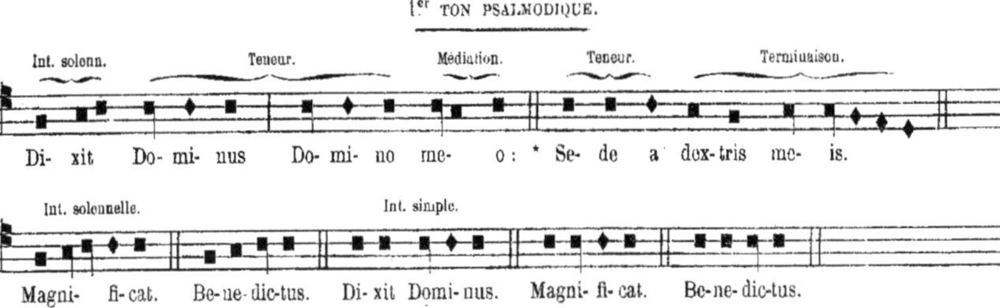

Aux fêtes solennelles, on donne aux cantiques, dans certaines églises, la médiation suivante, qui est plus ornée et plus pompeuse :

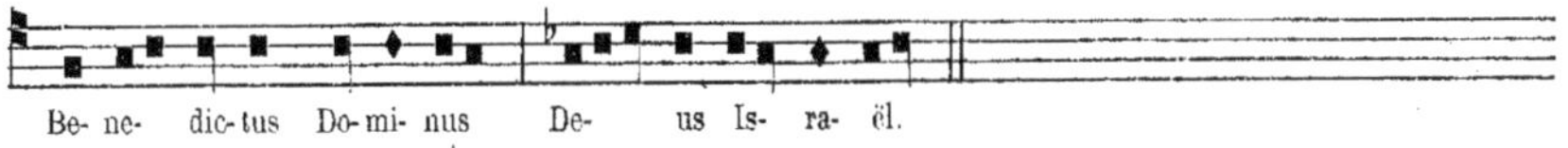

Le 1er ton a pour intonation *fa, sol,* pour dominante *la :* ce ton a deux variations, l'une en D et l'autre en A ; il n'y a en A que le psaume *In exitu Israël.* Le 1er ton en D est toujours écrit en clef d'ut 4e ligne.

Les différents tons sont indiqués par les chiffres 1, 2, 3, 4, 5, 6, 7, 8.

Les terminaisons sont indiquées par les lettres E u o u a e, qui ne sont qu'une abréviation des mots *sæculorum, amen.*

In ex- i- tu Is- ra- ël de Æ- gyp- to * do- mus Ja- cob de po- pu- lo bar- ba- ro. *in* A.

In ex- i- tu Is- ra- ël de Æ- gyp- to * do- mus Ja- cob de po- pu- lo bar- ba- ro. *in* A.

Les terminaisons du 1er ton demandent toujours quatre syllabes, comme dans l'exemple ci-dessus.

2e TON PSALMODIQUE.

Le 2e ton a deux variations, l'une en D et l'autre en A. Chacun d'eux a une psalmodie qui lui est propre : le 2e ton en D est toujours écrit en clef de *fa* 3e ligne, et a pour intonation les notes suivantes, *do, ré, fa*, et pour dominante *fa*.

Le 2e ton en A est écrit tantôt en clef d'*ut* 3e ligne, tantôt en clef d'*ut* 4e ligne : il a pour intonation *sol, la, do;* pour dominante, *do :* pour avoir une même dominante, on ramène ces deux clefs à celle d'*ut* 4e ligne, avec trois dièses à la clef ; la première moitié du verset s'accompagne en *la* majeur, et les terminaisons se font en *fa* dièse mineur.

Terminaisons.

me- us. In A. In D In D.

Terminaisons.

me- us. In A. In D. In D.

La première partie du psaume de la variation A se fait en *la* majeur et la terminaison se fait en *fa* mineur.

On peut aussi accompagner ce 2e ton en *si* avec deux bémols à la clef, *fa, sol, si* (*Laudate*).

3e TON PSALMODIQUE.

Le 3e ton est écrit en clef d'*ut* 4e ligne.

L'intonation est *sol, la, do*; la dominante, *ut*. La médiante demande quatre syllabes, la finale est *mi*. On peut accompagner ce ton tel qu'il est écrit; si cependant on trouve la dominante trop élevée, on peut remplacer la clef d'*ut* 4e ligne par la clef de *fa* 3e ligne, avec trois dièses à la clef. Nous aurons alors *fa* mineur; l'intonation sera *mi, fa* dièse, *la*; la dominante, *la*; la médiante, *si, la, la, la*. Ces deux derniers *la* se font en majeur pour éviter la monotonie.

Inton. festivale. Médiation. Inton. festivale. Médiation.

Be- a- tus vir qui ti-met Domi-num. Magni- fi-cat. * Et ex- ul- ta- vit spi- ri- tus

Be- a- tus vir qui ti-met Domi-num. Magni- fi-cat. * Et ex- ul- ta- vit spi- ri- tus

Terminaisons.

me- us. In E. In a. In c. In d.

Terminaisons.

me- us. In E. In a. In c. In d.

4e TON PSALMODIQUE.

La finale du 4e ton est *mi* et la dominante ou teneur est *la*.

Le 4e ton a deux variations, l'une en E, l'autre en A. La variation E est écrite en clef d'*ut* 4e ligne et s'accompagne en *la* mineur; la variation A est écrite en clef d'*ut* 3e ligne; pour la psalmodie, on transpose cette clef en clef d'*ut* 1re ligne et l'on accompagne en *la* mineur. On distingue 8 terminaisons dans le 4e ton.

Intonation festivale Médiation

E-ruc- ta-vit cor me- um ver-bum bo- num. Magni- fi-cat. * Et ex- ul- ta-vit

E-ruc- ta- vit cor me- um ver-bum bo- num. Magni- fi-cat. * Et ex- ul- ta- vit

5e TON PSALMODIQUE.

Le 5e ton a deux variations, l'une en C, qui est très populaire en France et qui n'est pas dépourvue de beauté, et l'autre en F. Ces deux variations sont écrites sur la 3e ligne; on substitue à cette clef une clef d'*ut* 4e ligne, avec deux dièses à la clef. La première partie du psaume se fait en *la* majeur et la terminaison en *ré* majeur.

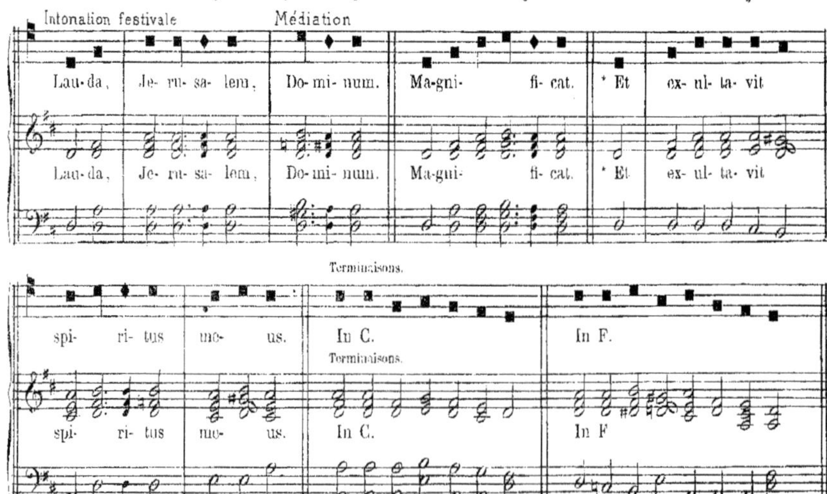

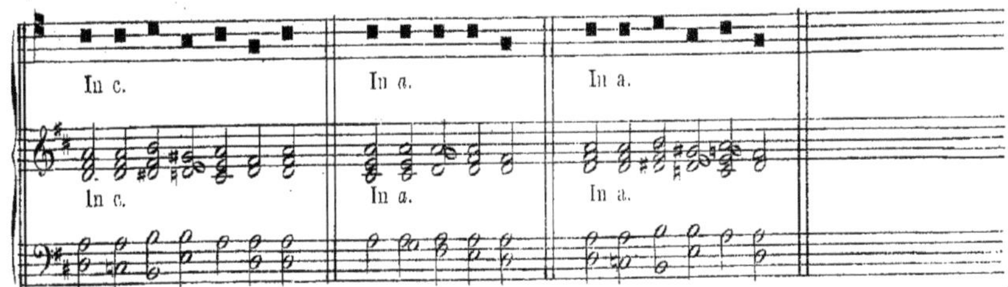

La finale de ce ton est *fa*, et la dominante ou teneur est *ut*. La terminaison veut quatre syllabes.

6e TON PSALMODIQUE.

Le 6e ton a deux variations : le 6e ton en C et le 6e en F.

Le 6e ton en C est appelé ton royal ; c'est sur ce ton qu'on chante le *Domine, salvum fac*.

La finale de ce ton est *fa*, et sa dominante *la* ; la terminaison demande quatre syllabes.

Terminaisons.

me- us. In C. In C. In F. In F.

Terminaisons.

me- us. In C. In C. In F. In F.

7e TON PSALMODIQUE.

Le 7e ton est écrit en clef d'*ut* 3e ligne ; il commence en *sol* et finit en *sol* ; on peut le jouer en *ut* ou en *sol*.

Intonation. festivale

Lau- da- te, pu- e- ri, Do-mi-num Magni- fi-cat. * Et ex- ul-ta-vit spi- ri- tus

Lau- da- te, pu- e- ri, Do-mi-num. Magni- fi-cat. * Et ex- ul-ta-vit spi- ri- tus

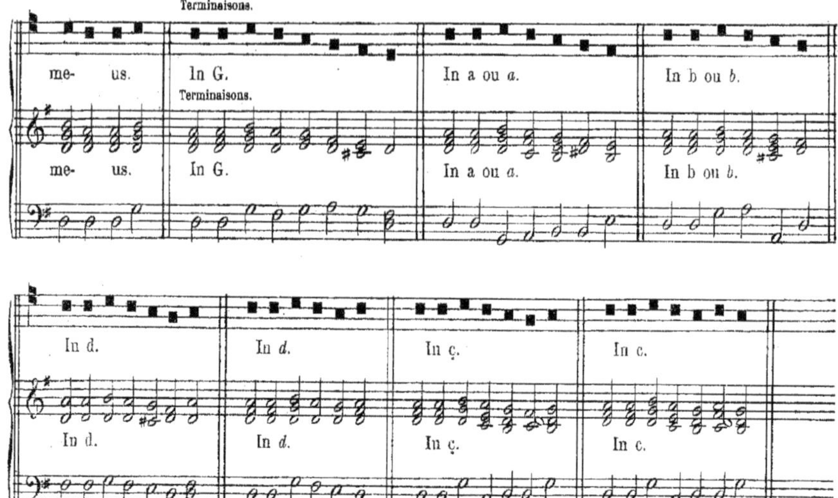

La première note de cette gamme est la finale même du ton; la dominante est *ré;* la médiation demande quatre syllabes.

8ᵉ ton psalmodique.

Pour accompagner ce ton, on prend ordinairement la gamme d'*ut* majeur; mais comme la dominante *ut* serait de deux tons plus élevée que la dominante *la* des autres tons, on sent la nécessité de transposer ce ton en *la* majeur.

La finale de ce ton est *sol* et la dominante *ut;* la médiation n'exige que deux syllabes, et la terminaison en demande quatre.

REMARQUE IMPORTANTE SUR LA TRANSPOSITION DU CHANT DES PSAUMES.

Dans tout chœur bien organisé, on doit chercher, autant que possible, à conserver la même note pour dominante, c'est-à-dire *la;* pour cela, il faut modifier l'antienne qui accompagne le psaume.

Le 1er ton, ayant *la* pour dominante, nous servira de point de comparaison. En ramenant à *la* les dominantes des 8 tons, nous aurons le tableau suivant :

1er ton.	Dominante	*la*,	nous serons	en *ré* mineur avec 1 bémol.
2e ton.	—	*la* (au lieu de *fa*),	—	en *fa* dièse mineur avec 3 dièses.
3e ton.	—	*la* (au lieu d'*ut*),	—	en *la* mineur avec 3 dièses, finale *fa* dièse.
4e ton.	—	*la*,	—	en *la* mineur avec 4 dièses.
5e ton.	—	*la* (au lieu d'*ut*),	—	en *ré* majeur avec 2 dièses.
6e ton.	—	*la*,	—	en *fa* majeur avec 1 bémol.
7e ton.	—	*la* (au lieu de *ré*),	—	en *mi* majeur avec 4 dièses.
8e ton.	—	*la* (au lieu d'*ut*),	—	en *sol* majeur.

Voilà, je crois, la seule véritable manière d'accompagner le plain-chant.

OBSERVATIONS TRÈS ESSENTIELLES.

1° Ne pas oublier que les 1er, 2e, 3e, 4e tons sont *mineurs*, faire ressortir dans l'accompagnement le caractère du mode mineur; que les 5e, 6e, 7e, 8e tons sont *majeurs*, faire ressortir le caractère majeur.

2° Une pièce de chant débute généralement par une des notes fondamentales de l'accord : si c'est l'accord de *ré*, le morceau commencera par *ré*, ou par *fa*, ou par *la;* cependant, dans le courant du morceau, les tonalités peuvent varier, mais la note finale doit toujours se résoudre dans le ton propre : en *ré* si le morceau est en *ré;* en *fa* si le morceau est en *fa*.

3° La grande difficulté, c'est de savoir quelles notes il faut toucher pour accompagner un chant; pour cela, il faut se rappeler que le plain-chant est composé de petits groupes de notes séparés par des barres; ces barres indiquent des repos, et par conséquent des tonalités différentes : tout le système consiste donc à examiner quelle note finit une phrase, pour lui donner sa *tonalité*, et quelle note commence une phrase, pour savoir à quel accord elle appartient. Ainsi :

La note *ré* indique le 1er ton.
La note *mi* indique les 3e et 4e tons.
Les notes *fa* et *la* (avec bémol) indiquent le 6e ton.
La note *sol* indique le 8e ton.
La note *la*, avec *si* naturel, indique le 2e ton.
La note *do* indique le 5e et le 8e ton.

Exemple.

Voir les accompagnements des 8 tons dans la psalmodie.

TROISIÈME PARTIE.

KYRIE, GLORIA, CREDO, SANCTUS & AGNUS.

AUX DOUBLES DE 1re CLASSE.

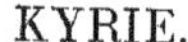

KYRIE.

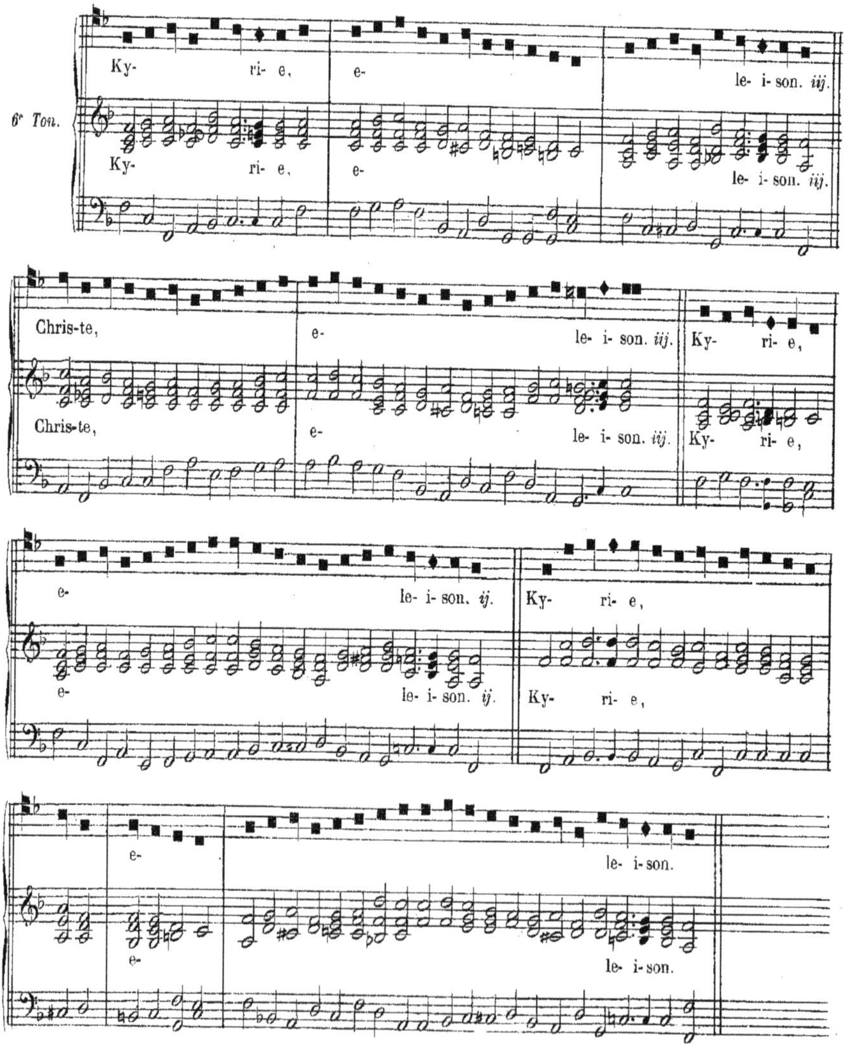
6e Ton.
Ky- ri- e, e- le- i- son. iij.
Ky- ri- e, e- le- i- son. iij.
Chris-te, e- le- i- son. iij. Ky- ri- e,
Chris-te, e- le- i- son. iij. Ky- ri- e,
e- le- i- son. ij. Ky- ri- e,
e- le- i- son. ij. Ky- ri- e,
e- le- i-son.
e- le- i-son.

GLORIA.

Le Célébrant.
6e Ton.
Glo- ri- a in excel- sis De- o. Et in ter- râ pax
Glo- ri- a in excel- sis De- o. Et in ter- râ pax
ho-mi- ni-bus bo-næ vo-lunta- tis. Lauda- mus te. Be-ne-di- cimus te.
ho-mi- ni-bus bo-næ vo-lunta- tis. Lauda- mus te. Be-ne-di- cimus te.
A-do-ra- mus te. Glo-ri- fi-ca- mus te. Gra- ti- as a-gimus ti- bi
A-do-ra- mus te. Glo-ri- fi-ca- mus te. Gra- ti- as a-gimus ti- bi
propter magnam glo- ri- am tu- am. Do- mi-ne De- us, Rex cœ- les- tis,
propter magnam glo- ri- am tu- am. Do- mi-ne De- us, Rex cœ- les- tis,
De- us, Pa- ter omni- po-tens. Do- mi-ne Fi- li u-ni-ge- ni-te, Je-su
De- us, Pa- ter omni- po-tens. Do- mi-ne Fi- li u-ni-ge- ni-te, Je-su

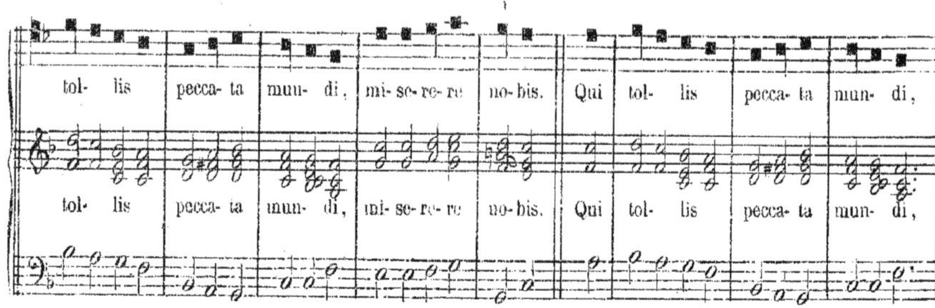

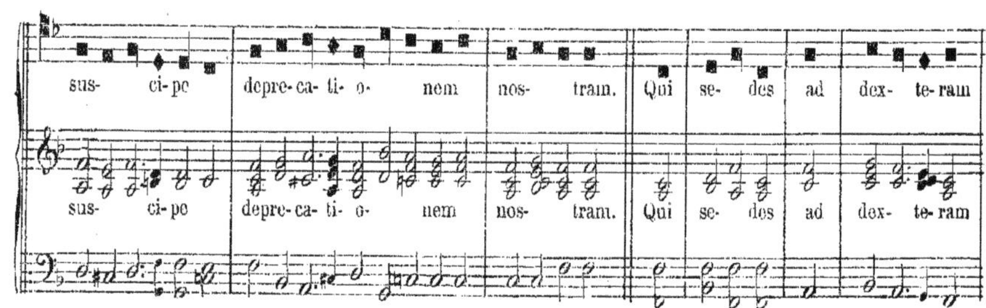

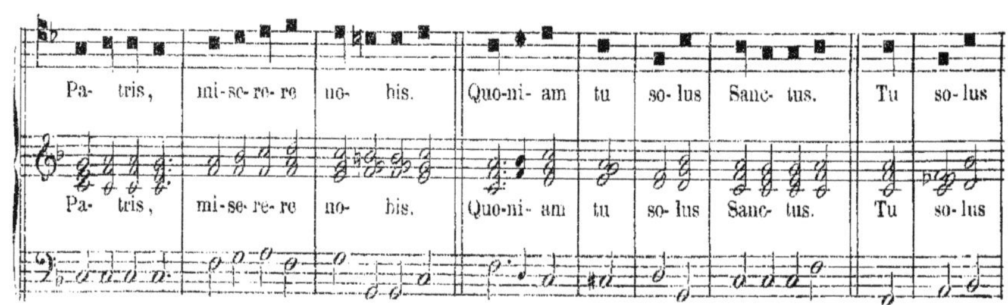

Do- mi-nus, Tu so- lus Al-tis-simus, Je-su Chris- te, Cum Sancto Spi- ri- tu in

Do- mi-nus, Tu so- lus Al-tis-simus, Je-su Chris- te, Cum Sancto Spi- ri- tu in

glo- ri- a De- i Pa- tris. A- men.
glo- ri- a De- i Pa- tris. A- men.

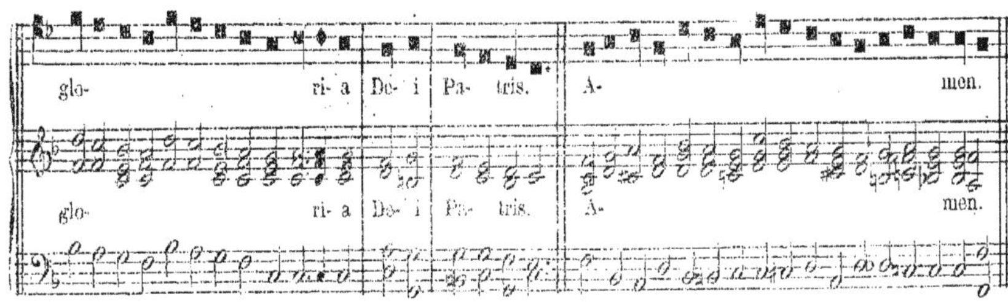

CREDO.

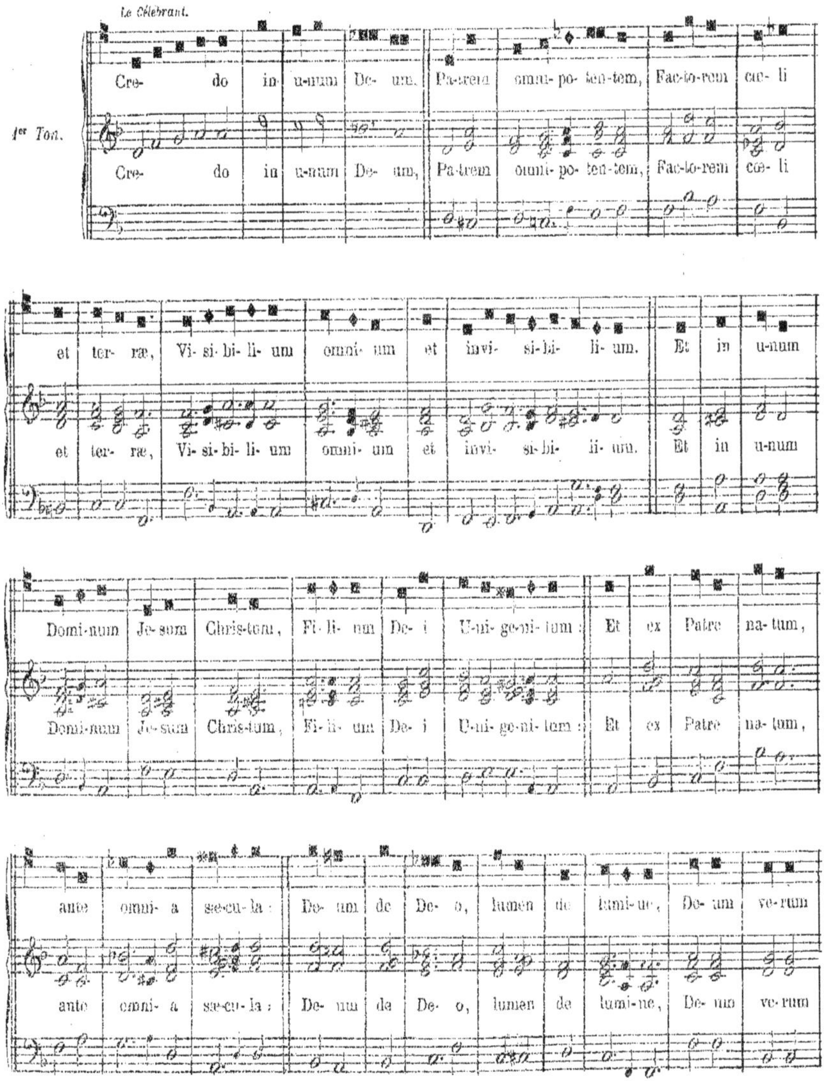

Le Célébrant.
Cre- do in u-num De- um, Pa-trem omni- po- ten-tem, Fac-to-rem cœ- li
1er Ton.
Cre- do in u-num De- um, Pa-trem omni- po- ten-tem, Fac-to-rem cœ- li
et ter- ræ, Vi- si- bi- li- um omni- um et invi- si-bi- li- um. Et in u-num
et ter- ræ, Vi- si- bi- li- um omni- um et invi- si-bi- li- um. Et in u-num
Domi-num Je-sum Chris-tum, Fi- li- um De- i U-ni- ge-ni- tum : Et ex Patre na- tum,
Domi-num Je-sum Chris-tum, Fi- li- um De- i U-ni- ge-ni- tum : Et ex Patre na- tum,
ante omni- a sæ-cu- la : De- um de De- o, lumen de lumi- ne, De- um ve-rum
ante omni- a sæ-cu- la : De- um de De- o, lumen de lumi- ne, De- um ve-rum

de Deo vero; Genitum non factum consubstantialem Patri; per quem
de Deo vero; Genitum non factum consubstantialem Patri; per quem
omnia facta sunt. Qui propter nos homines, et propter nostram salutem,
omnia facta sunt. Qui propter nos homines, et propter nostram salutem,
descendit de Cœlis; Et incarnatus est de Spiritu Sancto, ex Mariâ
descendit de Cœlis; Et incarnatus est de Spiritu Sancto, ex Mariâ
Virgine: Et Homo factus est. Crucifixus etiam pro nobis sub
Virgine: Et Homo factus est. Crucifixus etiam pro nobis sub
Pontio Pilato, passus et sepultus est. Et resurrexit tertiâ die,
Pontio Pilato, passus et sepultus est. Et resurrexit tertiâ die,

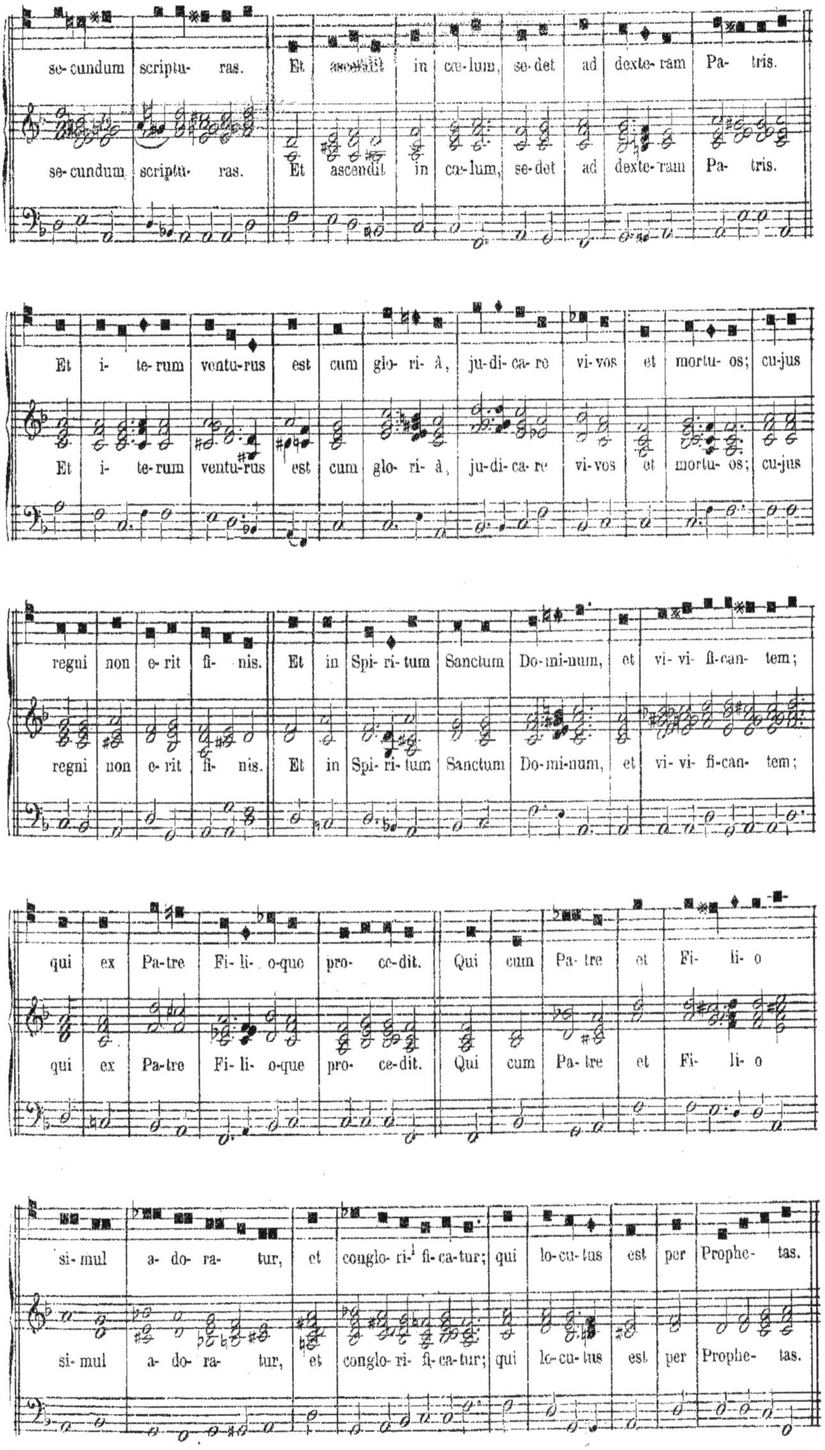

se-cundum scriptu- ras. Et ascendit in cœ-lum, se-det ad dexte-ram Pa- tris.

se-cundum scriptu- ras. Et ascendit in cœ-lum, se-det ad dexte-ram Pa- tris.

Et i- te-rum ventu-rus est cum glo- ri- â, ju-di-ca-re vi-vos et mortu- os; cu-jus

Et i- te-rum ventu-rus est cum glo- ri- â, ju-di-ca-re vi-vos et mortu- os; cu-jus

regni non e-rit fi- nis. Et in Spi- ri-tum Sanctum Do-mi-num, et vi- vi- fi-can- tem;

regni non e-rit fi- nis. Et in Spi- ri-tum Sanctum Do-mi-num, et vi- vi- fi-can- tem;

qui ex Pa-tre Fi- li- o-que pro- ce-dit. Qui cum Pa- tre et Fi- li- o

qui ex Pa-tre Fi- li- o-que pro- ce-dit. Qui cum Pa- tre et Fi- li- o

si-mul a- do- ra- tur, et conglo- ri- fi-ca-tur; qui lo-cu-tus est per Prophe- tas.

si-mul a- do- ra- tur, et conglo- ri- fi-ca-tur; qui lo-cu-tus est per Prophe- tas.

Et U-nam, Sanctam, Catho- li- cam et A-pos-to- li- cam Eccle- si- am. Con-fi- te- or
Et U-nam, Sanctam, Catho- li- cam et A-pos-to- li- cam Eccle- si- am. Con-fi- te- or
u-num Bap- tis-ma, in re-mis-si- o-nem pecca- to-rum. Et ex- pec- to re-sur-rec-ti- o-nem
u-num Bap- tis-ma, in re-mis-si- o-nem pecca- to-rum. Et ex- pec- to re-sur-rec-ti- o-nem
mor-tu- o-rum. Et vi- tam ventu- ri sæ-cu- li. A- men.
mor-tu- o-rum. Et vi- tam ventu- ri sæ-cu- li. A- men.

SANCTUS.

8e Ton
Sanc- tus, Sanc- tus, Sanc- tus,
Sanc- tus, Sanc- tus, Sanc- tus,
Do- mi-nus De- us Sa- ba- oth. Ple-ni sunt cœ-li et ter-ra
Do- mi-nus De- us Sa- ba- oth. Ple-ni sunt cœ-li et ter-ra

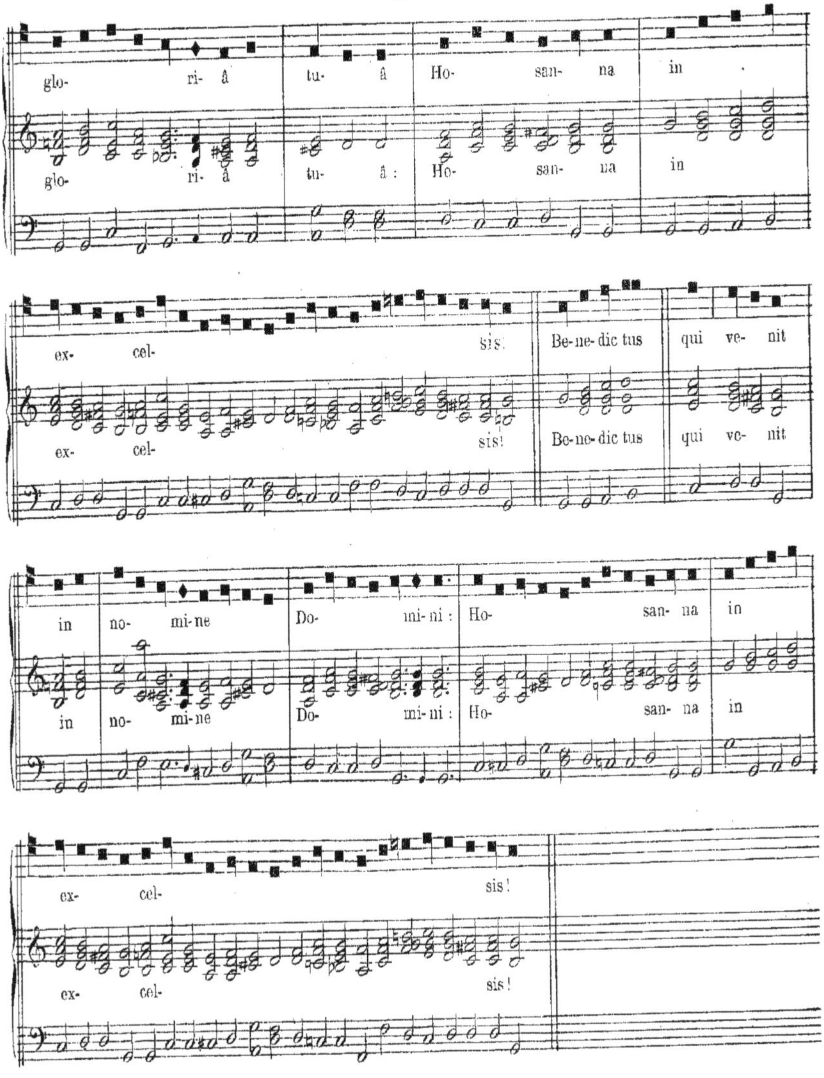

glo- ri- â tu- â Ho- san- na in
glo- ri- â tu- â : Ho- san- na in
ex- cel- sis! Be-ne-dic tus qui ve- nit
ex- cel- sis! Be-ne-dic tus qui ve- nit
in no- mi-ne Do- mi-ni : Ho- san- na in
in no- mi-ne Do- mi-ni : Ho- san- na in
ex- cel- sis!
ex- cel- sis!

AGNUS.

6e Ton.

Agnus De- i, qui tol- lis pec-ca- ta mun- di,
Agnus De- i, qui tol- lis pec-ca- ta mun- di,

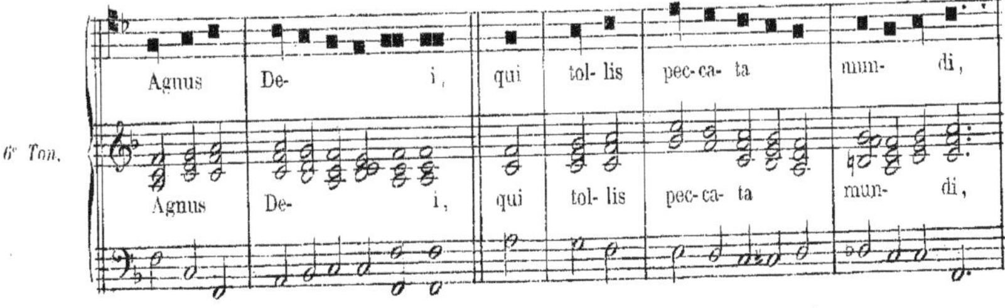

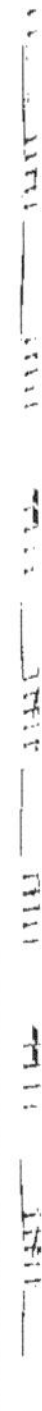

AUX DOUBLES DE 2e CLASSE.

KYRIE.

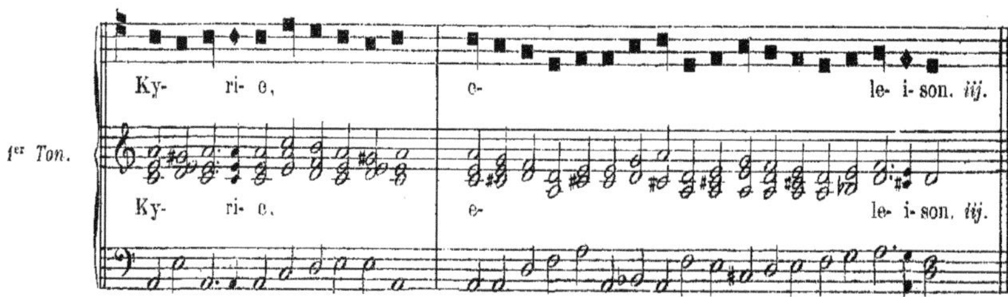

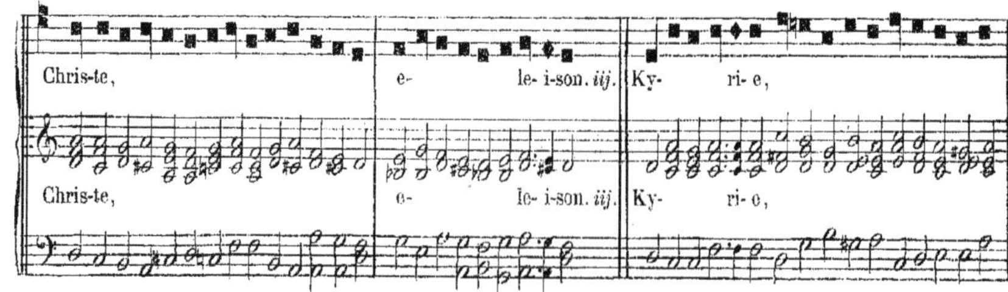

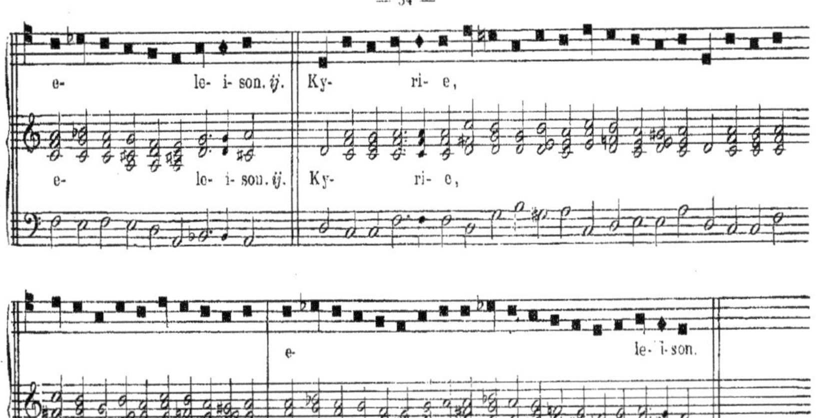
e- le- i- son. ij. Ky- ri- e,
e- le- i- son. ij. Ky- ri- e,
e- le- i- son.
e- le- i- son.

GLORIA.

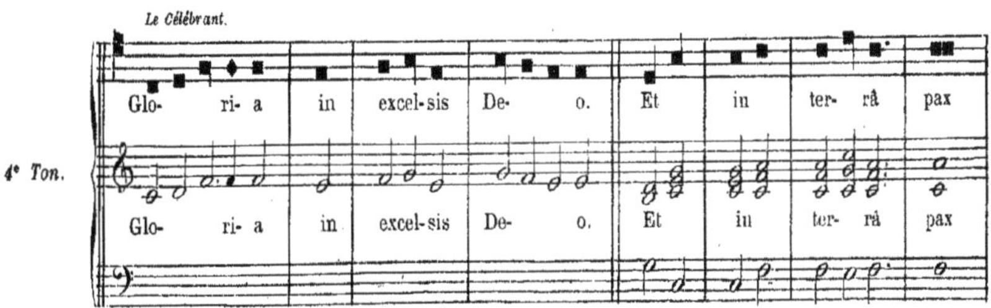
Le Célébrant.
4e Ton.
Glo- ri- a in excel-sis De- o. Et in ter- râ pax
Glo- ri- a in excel-sis De- o. Et in ter- râ pax

ho- mi- ni-bus bo-næ vo-lun- ta- tis. Lauda- mus te. Be-ne-di- cimus te.
ho- mi- ni-bus bo-næ vo-lun- ta- tis. Lauda- mus te. Be-ne-di- cimus te.

A-do-ra- mus te. Glo-ri- fi-ca- mus te. Gra- ti- as
A-do-ra- mus te. Glo-ri- fi-ca- mus te. Gra- ti- as

De- us, Agnus De- i, Fi- li- us Pa- tris. Qui tol- lis

De- us, Agnus De- i, Fi- li- us Pa- tris. Qui tol- lis

pecca- ta mun- di, mi- se- re- re no- bis. Qui tol- lis pecca- ta mun- di,

pecca- ta mun- di, mi- se- re- re no- bis. Qui tol- lis pecca- ta mun- di,

sus- ci-pe depre-ca- ti- o- nem nos- tram. Qui se- des ad dexte-ram Pa- tris,
sus- ci-pe depre-ca- ti- o- nem nos- tram. Qui se- des ad dexte-ram Pa- tris,

mi-se-re- re no- bis. Quo-ni- am tu so-lus Sanctus, Tu so- lus
mi-se-re- re no- bis. Quo-ni- am tu so-lus Sanctus, Tu so- lus

Do- mi-nus, Tu so- lus Al-tis- si-mus. Je- su Chris- te.
Do- mi-nus, Tu so- lus Al-tis- si-mus. Je- su Chris- te.

Cum Sanc- to Spi- ri- tu in glo- ri- a De- i
Cum Sanc- to Spi- ri- tu in glo- ri- a De- i

Pa- tris. A- men.
Pa- tris. A- men.

CREDO.

Le Célébrant.
4e Ton.
Cre-do in u-num De- um. Pa- trem omni- po-ten-tem. Fac-to- rem cœ- li
Cre-do in u-num De- um. Pa- trem omni- po-ten-tem, Fac-to- rem cœ- li
et ter- ræ, Vi- si- bi- li- um omni- um et invi- si- bi- li- um. Et in u-num
et ter- ræ, Vi- si- bi- li- um omni- um et invi- si- bi- li- um. Et in u-num
Domi-num Je-sum Chris-tum. Fi- li- um De- i U-ni- ge- ni- tum : Et ex Patre
Domi-num Je-sum Chris-tum. Fi- li- um De- i U-ni- ge- ni- tum : Et ex Patre
na-tum, an- te omni- a sæ- cu- la : De- um de De- o, lumen de lumi- ne,
na-tum, an- te omni- a sæ- cu- la : De- um de De- o, lumen de lumi- ne,
De- um ve-rum de De- o ve- ro : Ge- ni- tum non factum consubstan-ti- a- lem Pa-tri :
De- um ve-rum de De- o ve- ro : Ge- ni- tum non factum consubstan-ti- a- lem Pa-tri :

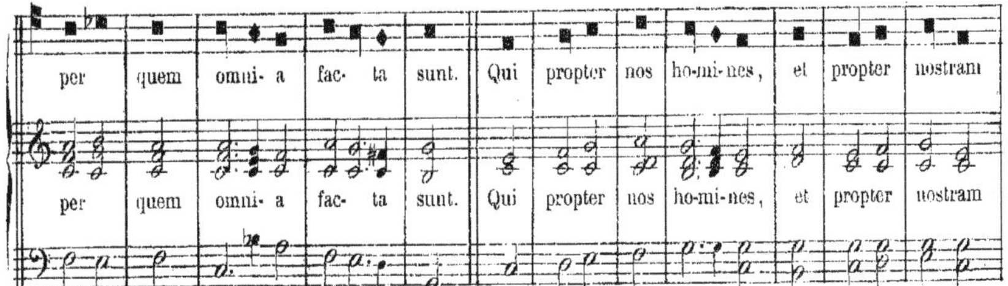

sa- lu- tem, descendit de Cœ- lis; Et incarna-tus est de Spi- ri- tu Sancto, ex

sa-lu-tem, descendit de Cœ- lis; Et incarna-tus est de Spi- rí- tu Sancto, ex

Ma- ri- â Vir- gi-ne : Et Ho-mo fac- tus est. Cru-ci- fi-xus e- ti- am pro no-bis

Ma- ri- â Vir- gi-ne : Et Ho-mo fac- tus est. Cru-ci- fi-xus e- ti- am pro no-bis

sub Ponti- o Pi- la- to, pas- sus et se-pul- tus est. Et re-surre- xit ter-ti- â

sub Ponti- o Pi- la- to, pas- sus et se-pul- tus est. Et re-surre- xit ter-ti- â

di- e, se- cundum scriptu- ras. Et ascendit in cœ-lum, se- det ad dexte- ram

di- e, se- cundum scriptu- ras. Et ascendit in cœ-lum, se- det ad dexte- ram

et vi- vi- fi-can- tem; qui ex Pa-tre Fi- li- o-que pro-ce- dit. Qui cum Patre et

et vi- vi- fi-can- tem; qui ex Pa-tre Fi- li- o-que pro-ce- dit. Qui cum Patre et

Et U-nam, Sanctam, Catho-li cam et A-pos-to-li-cam Eccle- si- am. Con- fi- te- or

Et U-nam, Sanctam, Catho- li- cam et A-pos-to- li-cam Eccle- si- am. Con- fi- te- or

CHANT AD LIBITUM.

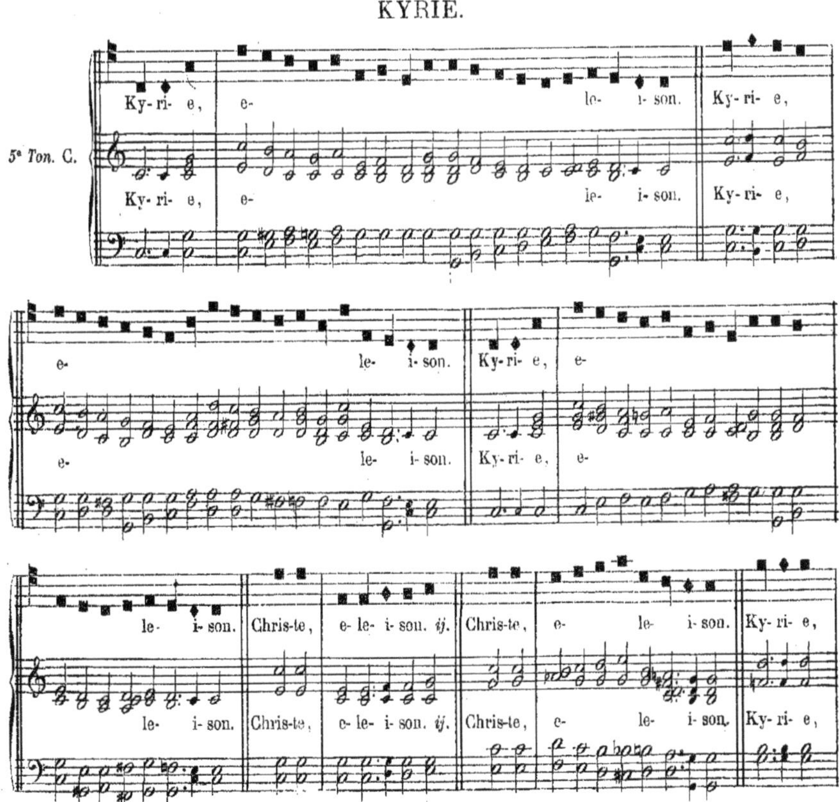

e- le- i-son. Ky-ri- e, e-
e- le- i-son. Ky-ri- e, e-
le- i-son. Ky-ri- e, e- le- i-son.
le- i-son. Ky-ri- e, e- le- i-son.

GLORIA.

Le Célébrant.
5e Ton. C.
Glo-ri- a in excel- sis De- o. Et in ter-râ pax ho-mi-ni-bus
Glo-ri- a in excel- sis De- o. Et in ter-râ pax ho-mi-ni-bus
bo-næ vo-lunta- tis. Lau-da-mus te. Be-ne-di- cimus te. A-do-ra- mus te.
bo-næ vo-lunta- tis. Lau-da-mus te. Be-ne-di- cimus te. A-do-ra- mus te.
Glo-ri- fi-ca- mus te. Gra-ti- as a-gimus ti- bi, propter magnam glo-ri- am tu- am.
Glo-ri- fi-ca- mus te. Gra-ti- as a-gimus ti- bi, propter magnam glo-ri- am tu- am.

6

Do-mi-ne De- us, Rex cœ- les-tis, De- us, Pa- ter omni- po- tens. Do-mi-ne. Fi- li
Do-mi-ne De- us, Rex cœ- les-tis, De- us, Pa- ter omni- po- tens. Do-mi-ne, Fi- li
u-ni-ge- ni- te. Je- su Chris- te. Do-mi-ne De- us, A- gnus De- i, Fi- li- us
u-ni-ge- ni- te, Je- su Chris- te. Do-mi-ne De- us, A- gnus De- i, Fi- li- us
Pa-tris. Qui tol-lis pecca- ta mundi, mi- se- re- re no- bis. Qui tol-lis pecca- ta mundi,
Pa-tris. Qui tol-lis pecca- ta mundi, mi- se- re- re no- bis. Qui tol-lis pecca- ta mundi,
sus-ci- pe depre- ca- ti- o- nem nos- tram. Qui se- des ad dex- te- ram Pa-tris,
sus-ci- pe depre- ca- ti- o- nem nos- tram. Qui se- des ad dex- te- ram Pa-tris,
mi- se- re- re no- bis. Quo-ni- am tu so-lus Sanctus, Tu so-lus Do-mi-nus,
mi- se- re- re no- bis. Quo-ni- am tu so-lus Sanctus, Tu so-lus Do-mi-nus,

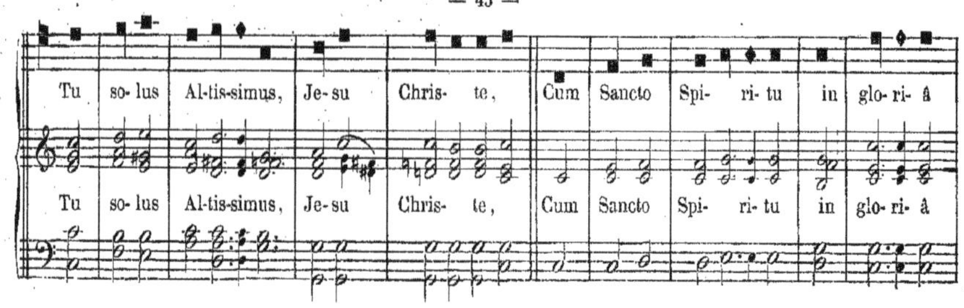

CREDO.

cœ- li et ter- ræ, Vi- si- bi- li- um omni- um et invi- si- bi- li- um. Et in

cœ- li et ter- ræ, Vi- si- bi- li- um omni- um et invi- si- bi- li- um. Et in

u-num Do-mi-num Je-sum Chris- tum, Fi- li- um De- i U- ni- ge- ni- tum : Et ex

u-num Do-mi-num Je-sum Chris- tum, Fi- li- um De- i U- ni- ge- ni- tum : Et ex

propter nostram sa-lu-tem, descen- dit de Cœ-lis; Et incarna-tus est

propter nostram sa-lu-tem, descen- dit de Cœ-lis; Et incarna-tus est

de Spi-ri-tu Sancto, ex Ma-ri- â Vir-gi-ne : ET HO- MO FAC-TUS EST. Cru-ci- fi-xus

de Spi-ri-tu Sancto, ex Ma-ri- â Vir-gi-ne : ET HO- MO FAC-TUS EST. Cru-ci- fi-xus

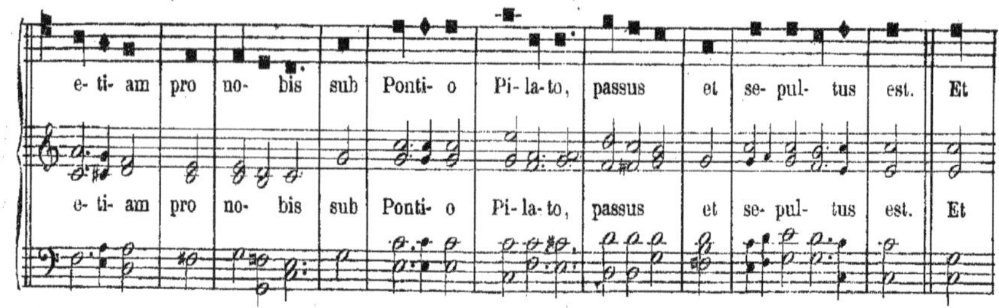

se- det ad dexte- ram Pa- tris. Et i- te- rum ven- tu- rus est cum

se- det ad dexte- ram Pa- tris. Et i- te- rum ven- tu- rus est cum

glo- ri- â, ju- di- ca- re vi- vos et mor- tu- os; cu- jus regni non e- rit fi- nis.

glo- ri- â, ju- di- ca- re vi- vos et mor- tu- os; cu- jus regni non e- rit fi- nis.

Et in Spi- ri- tum Sanctum Domi- num, et vi- vi- fi- cantem; qui ex Pa- tre Fi- li- oque

Et in Spi- ri- tum Sanctum Domi- num, et vi- vi- fi- cantem; qui ex Pa- tre Fi- li- oque

pro- ce- dit. Qui cum Pa- tre et Fi- li- o si-mul a- do- ra- tur, et
pro- ce- dit. Qui cum Pa- tre et Fi- li- o si-mul a- do- ra- tur, et
conglo- ri- fi- ca- tur; qui lo- cu- tus est per Pro- phe- tas. Et U- nam, Sanctam,
conglo- ri- fi- ca- tur; qui lo- cu- tus est per Pro- phe- tas. Et U- nam, Sanctam,
Catho- li- cam et A-pos-to- li- cam Eccle- si- am. Con-fi- te- or u-num Bap-tis- ma,
Catho- li- cam et A-pos-to- li- cam Eccle- si- am. Con-fi- te- or u-num Bap-tis- ma,
in re-mis-si- o-nem pecca- to- rum. Et ex-pecto re-surrec-ti- o- nem mortu- o- rum.
in re-mis-si- o-nem pecca- to- rum. Et ex-pecto re-surrec-ti- o- nem mortu- o- rum.
Et vi- tam ventu- ri sæ- cu- li. A- men.
Et vi- tam ventu- ri sæ- cu- li. A- men.

SANCTUS.

5e Ton. C.
Sanc- tus, Sanc- tus, Sanc- tus, Do-mi-nus De- us Sa-ba- oth. Ple-ni sunt
cœ- li et ter- ra glo- ri- â tu- â : Ho-san- na
in excel- sis ! Be- ne-dic-tus qui ve-nit in nomi- ne Do- mi-ni :
Ho- san- na in ex-cel- sis !

AGNUS.

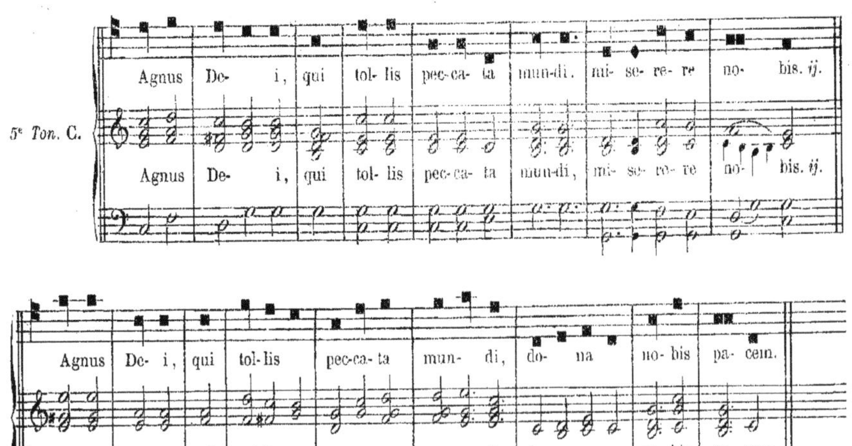

PROSE POUR LE SAINT JOUR DE PAQUES.

PROSE POUR LE SAINT JOUR DE LA PENTECOTE.

1er *Ton.*

7

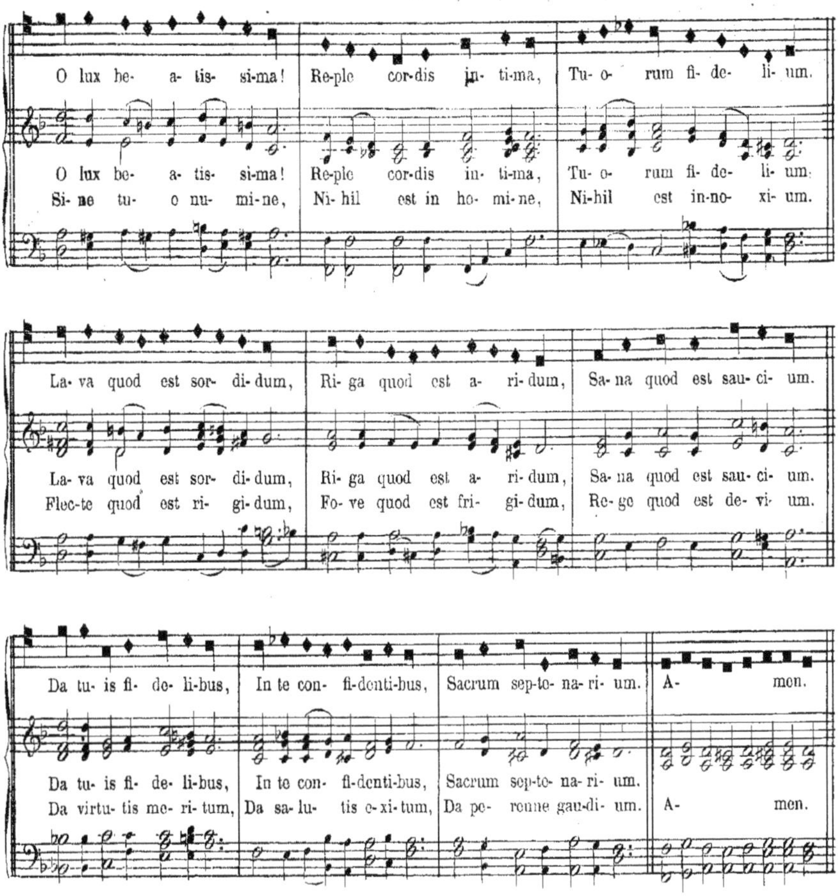

O lux be- a- tis- si-ma! Re-ple cor-dis in- ti-ma, Tu- o- rum fi- de- li- um.
O lux be- a- tis- si-ma! Re-ple cor-dis in- ti-ma, Tu- o- rum fi- de- li- um.
Si- ne tu- o nu- mi-ne, Ni- hil est in ho- mi-ne, Ni-hil est in-no- xi- um.
La- va quod est sor- di- dum, Ri- ga quod est a- ri- dum, Sa- na quod est sau- ci- um.
La- va quod est sor- di- dum, Ri- ga quod est a- ri- dum, Sa- na quod est sau- ci- um.
Flec-te quod est ri- gi- dum, Fo- ve quod est fri- gi- dum, Re- ge quod est de- vi- um.
Da tu- is fi- de- li-bus, In te con- fi-denti-bus, Sacrum sep-te- na-ri- um. A- men.
Da tu- is fi- de- li-bus, In te con- fi-denti-bus, Sacrum sep-te- na-ri- um.
Da virtu- tis me- ri- tum, Da sa- lu- tis e- xi- tum, Da pe- renne gau-di- um. A- men.

PROSE DU SAINT SACREMENT.

Lau-da, Si- on, Salva- to-rem; Lauda Du-cem et Pas-to- rem, In hymnis et can-ti- cis.
7e Ton (*).
Lau-da, Si- on, Salva- to-rem; Lauda Du-cem et Pas-to- rem, In hymnis et can-ti- cis.
Quantum po- tes, tantum aude, Qui- a ma- jor om-ni lau- de, Nec lau-da-re su- ffi- cis.

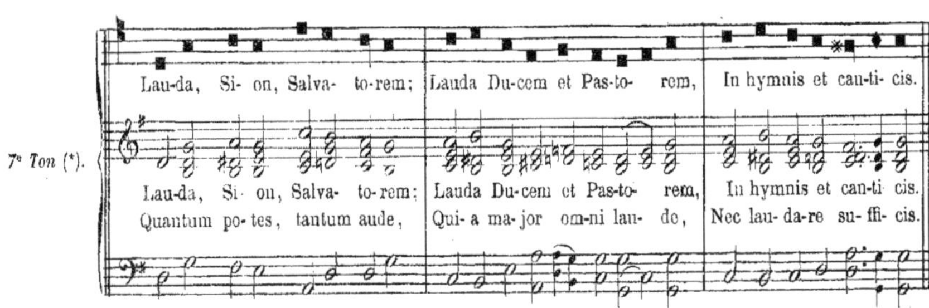

(*) Si l'on chante cette prose telle qu'elle est notée, c'est-à-dire si au changement de clef l'on monte d'une quinte, les chœurs ne chantent plus, ils crient, et la plupart des voix sont réduites au silence : au lieu de monter d'une quinte, montez d'une *seconde* seulement, c'est le seul moyen pour bien chanter cette belle prose.

Lau- dis the-ma spe- ci- a- lis, Pa- nis vi-vus et vi- ta- lis Ho-di- è pro- po- ni- tur.
Lau- dis the-ma spe- ci- a- lis, Pa- nis vi-vus et vi- ta- lis Ho-di- è pro- po- ni- tur.
Quem in sa-cræ mensâ cœ- næ, Turbæ fratrum du- o-de-næ Da-tum non ambi- gi- tur.
Sit laus ple-na, sit so- no-ra, Sit ju- cun-da, sit de- co-ra Men-tis ju-bi- la- ti- o.
Sit laus ple-na, sit so- no-ra, Sit ju- cun-da, sit de- co-ra Men-tis ju-bi- la- ti- o.
In hâc mensâ no- vi Re-gis, No- vum Pascha no- væ le-gis Pha- se ve- tus termi- nat.
Di- es e- nim so-lemnis a-gi- tur, In quâ men- sæ pri-ma re- co- li- tur Hu-jus insti- tu- ti- o.
Di- es e- nim so-lemnis a- gi- tur, In quâ men- sæ pri-ma re- co- li- tur Hu-jus insti- tu- ti- o.
Ve-tusta- tem no- vi- tas, Umbram fu- gat ve- ri- tas, Noctem lux e- li-mi-nat.
Monter d'une seconde.
Quod in cœ-nâ Chris-tus ges-sit, Fa-ci- endum hoc ex-pres-sit In su- i me- mo- ri- am.
Quod in cœ-nâ Chris-tus ges-sit, Fa-ci- endum hoc ex-pres-sit In su- i me- mo- ri- am.
Doc- ti sa-cris insti- tu- tis, Pa-nem, vi- num, in sa- lu- tis Con- se-cra- mus hos-ti- am.
Dog-ma da-tur Chris- ti- a-nis, Quod in carnem tran-sit pa-nis, Et vi- num in sanguinem.
Dog-ma da-tur Chris- ti- a- nis, Quod in carnem tran-sit pa-nis, Et vi- num in sanguinem.
Quod non ca-pis, quod non vi-des, A- ni- mo-sa fir-mat fi-des, Præ- ter re- rum or- di-nem.

Sub di-ver- sis spe- ci- e- bus, Signis tantum et non re-bus, La- tent res e- xi- mi- æ.
Sub di-ver- sis spe- ci- e- bus, Signis tantum et non re-bus, La- tent res e- xi- mi- æ.
Ca- ro ci- bus, sanguis po- tus, Ma-net ta-men Chris-tus to-tus Sub u- trâ-que spe- ci- e.
A su- mente non con- ci-sus, Non confractus, non di- vi-sus, In-te- ger ac- ci-pi-tur.
A su- mente non con- ci-sus, Non confractus, non di- vi-sus, In-te- ger ac- ci-pi-tur.
Su-mit u-nus, su- munt mil-le; Quan-tum is-ti, tan- tum il-le; Nec sumptus con- sumi- tur.
Su-munt bo-ni, sumunt ma- li, Sor-te tamen in- æ-qua- li Vi- tæ vel in-te- ri- tûs.
Su-munt bo-ni, sumunt ma- li, Sor-te tamen in- æ-qua- li Vi- tæ vel in-te- ri- tûs.
Mors est ma- lis, vi- ta bo- nis: Vi-de pa- ris sumpti- o- nis Quam sit dispar e- xi- tus.
Frac-to de-mum sa- cramento, Ne va-cil-les; sed memento Tan- tum es-se sub fragmen to,
Frac-to de-mum sa- cramento, Ne va-cil-les; sed memento Tan- tum es- se sub fragmen-to,
Nul-la re- i fit scissu-ra. Si-gni tantum fit fractu-ra, Quâ nec sta- tus, nec sta- tu- ra
Quan-tum to- to te-gi- tur.
Quan-tum to- to te-gi- tur.
Sig-na- ti mi- nu- i- tur.
DIVISIO.
Mesure grave.
Ec- ce pa- nis An- ge- lo- rum,
Ec- ce pa- nis An- ge- lo- rum,
In fi- gu- ris præ- si- gna- tur,

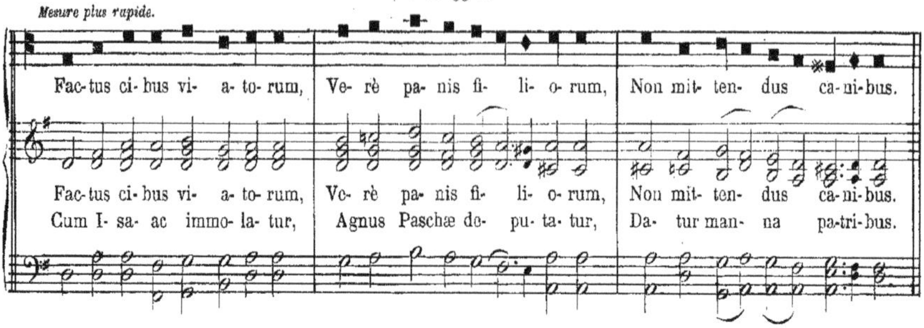
Mesure plus rapide.
Fac-tus ci-bus vi- a-to-rum, Ve- rè pa-nis fi- li- o-rum, Non mit- ten- dus ca-ni-bus.
Fac-tus ci-bus vi- a-to-rum, Ve- rè pa-nis fi- li- o-rum, Non mit- ten- dus ca-ni-bus.
Cum I- sa- ac immo- la- tur, Agnus Paschæ de- pu- ta- tur, Da- tur man- na pa-tri-bus.

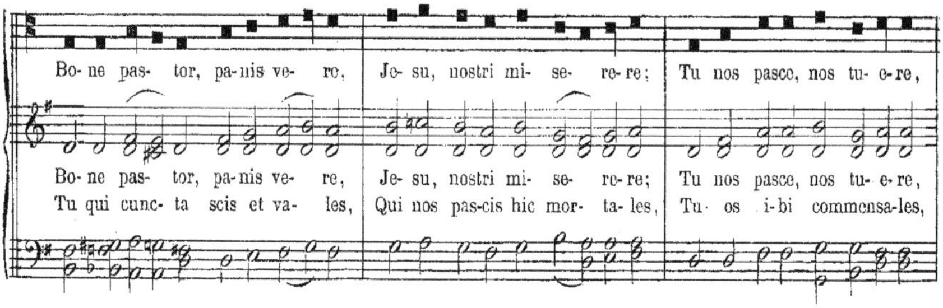
Bo- ne pas- tor, pa-nis ve- re, Je- su, nostri mi- se- re-re; Tu nos pasco, nos tu- e-re,
Bo- ne pas- tor, pa-nis ve- re, Je- su, nostri mi- se- re-re; Tu nos pasce, nos tu- e-re,
Tu qui cunc- ta scis et va- les, Qui nos pas-cis hic mor- ta- les, Tu- os i-bi commensa-les,

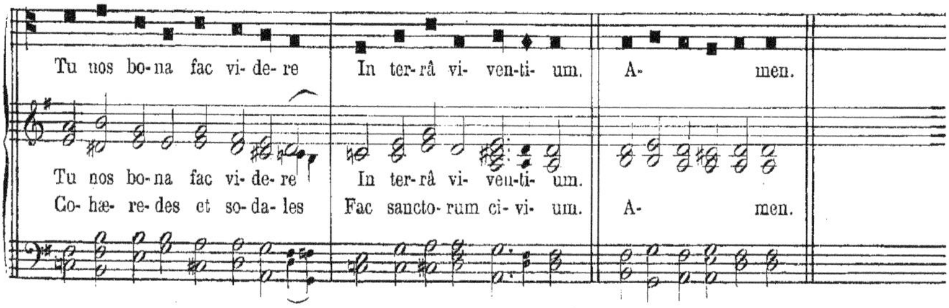
Tu nos bo-na fac vi- de- re In ter-râ vi- ven-ti- um. A- men.
Tu nos bo-na fac vi-de-re In ter-râ vi- ven-ti- um.
Co- hæ- re-des et so-da- les Fac sancto-rum ci- vi- um. A- men.

MESSE DES DÉFUNTS.

KYRIE.

Ky- ri- e, e- le- i- son. iij. Chris- te,
8e Ton. *
Ky- ri- e, e- le- i- son. iij. Chris- te,

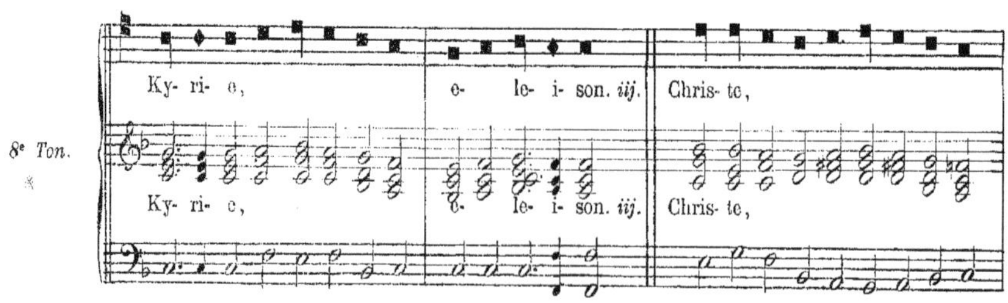

* L'organiste donnera au chantre la note sol au lieu de la note la.

PROSE DES DÉFUNTS.

* L'organiste donnera au chantre la note **sol** au lieu de la note fa

Per sepulcra regionum, Coget omnes ante thronum.
Per sepulcra regionum, Coget omnes ante thronum.
Cum resurget creatura Judicanti responsura.
Quod sum causa tuæ viæ; Ne me perdas illâ die.
Redemisti, crucem passus: Tantus labor non sit cassus.
Et ab hædis me sequestra, Statuens in parte dextrâ.
Flammis acribus addictis, Voca me cùm benedictis.
5. Liber scriptus proferetur, In quo totum continetur, Unde mundus judicetur.
5. Liber scriptus proferetur, In quo totum continetur, Unde mundus judicetur.
6. Judex ergo, cum sedebit, Quidquid latet, apparebit; Nil inultum remanebit.
11. Juste Judex ultionis, Donum fac remissionis, Ante diem rationis.
12. Ingemisco, tanquam reus, Culpâ rubet vultus meus: Supplicanti parce, Deus.
17. Oro supplex et acclinis Cor contritum quasi cinis; Gere curam mei finis.
18. Lacrymosa dies illa, Quâ resurget ex favillâ.
18. Lacrymosa dies illa, Quâ resurget ex favillâ.
19. Judicandus homo reus! Huic ergo parce, Deus.
Pie Jesu Domine, Dona eis requiem. Amen.
Pie Jesu Domine. Dona eis requiem. Amen.

SANCTUS.

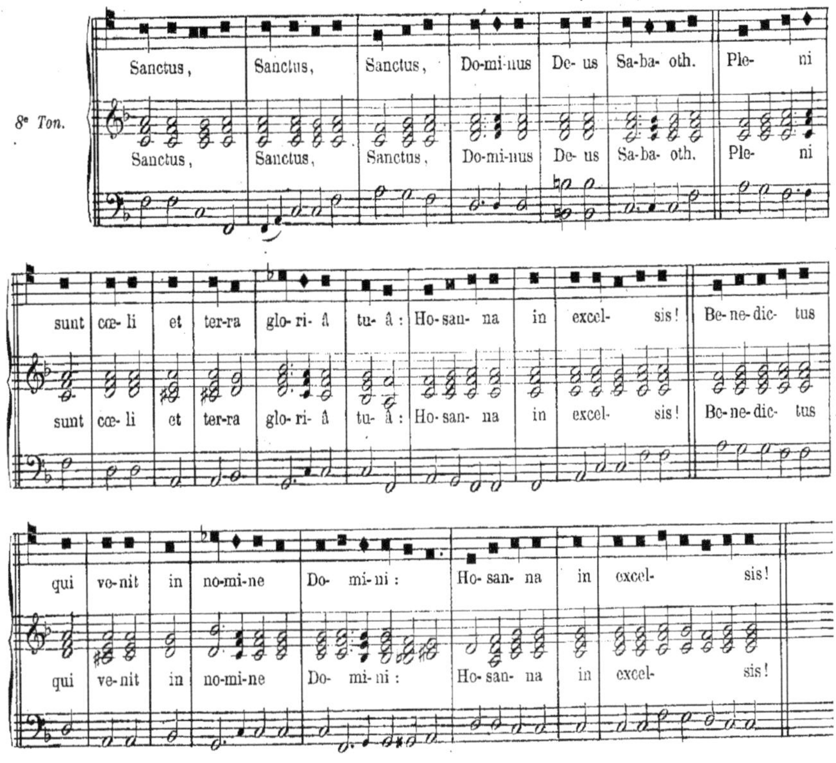

AGNUS.

* l'Organiste donnera au chantre la note la au lieu de fa

ANTIENNES DE LA B. V. MARIE.

ALMA.

stel- la ma- ris, Succur- re ca-den- ti surge- re qui cu- rat

stel- la ma- ris, Succur- re ca-den- ti surge- re qui cu- rat

po- pu- lo; Tu, quæ ge- nu- is- ti, Na-tu- râ mi-ran- te,

po- pu- lo; Tu, quæ ge- nu- is- ti, Na-tu- râ mi-ran- te,

tu- um sanctum Ge- ni- to- rem, Vir- go pri- ùs ac
tu- um sanctum Ge- ni- to- rem, Vir- go pri- ùs ac
pos- te- ri- ùs, Ga-bri- e- lis ab o- re su-mens
pos- te- ri- ùs, Ga-bri- e- lis ab o- re su-mens
il- lud A- ve, Pec- ca- to- rum mi- se- re- re.
il- lud A- ve, Pec- ca- to- rum mi- se- re- re.

AVE.

6e Ton. C.
A- ve, Re- gi- na cœ- lo- rum : A- ve,
A- ve, Re- gi- na cœ- lo- rum : A- ve,
Do-mi-na Ange- lo- rum : Sal- ve, ra- dix, sal- ve, por- ta,
Do-mi-na Ange- lo- rum : Sal- ve, ra- dix, sal- ve, por- ta,

Ex quâ mun- do lux est or- ta. Gau-de, Vir- go
Ex quâ mun- do lux est or- ta. Gau-de, Vir- go
glo- ri- o-sa, Su-per om- nes spe- ci- o- sa: Va- le, ô
glo- ri- o-sa, Su-per om- nes spe- ci- o- sa: Va- le, ô
val- dè de-co- ra! Et pro no- bis Chris- tum e- xo- ra.
val- dè de-co- ra! Et pro no- bis Chris- tum e- xo- ra.

REGINA.

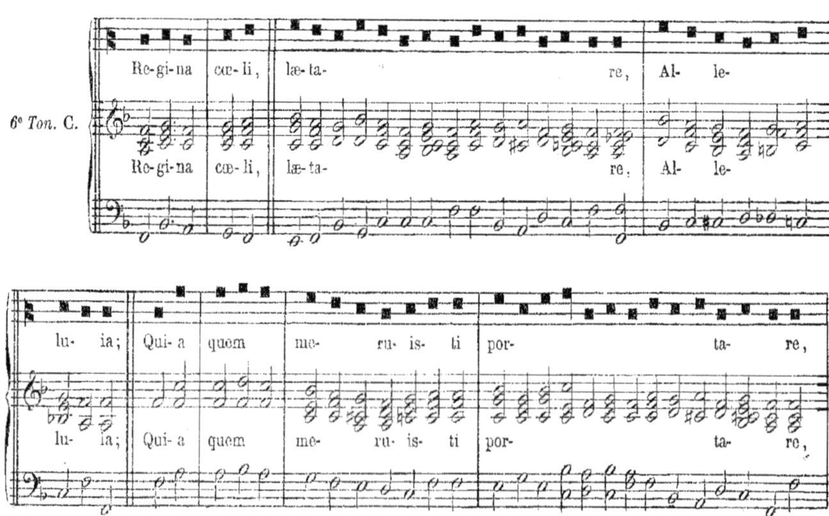
6e Ton. C.
Re-gi-na cœ-li, læ-ta- re, Al- le-
Re-gi-na cœ-li, læ-ta- re, Al- le-
lu- ia; Qui- a quem me- ru- is- ti por- ta- re,
lu- ia; Qui- a quem me- ru- is- ti por- ta- re,

Al- le- lu- ia, Re- sur- re- xit, si- cut di- xit,
Al- le- lu- ia, Re- sur- re- xit, si- cut di- xit,
Al- le- lu- ia. O- ra pro no- bis De- um,
Al- le- lu- ia. O- ra pro no- bis De- um,
Al- le- lu- ia.
Al- le- lu- ia.

SALVE.

1er Ton.
Sal- ve, Re- gi- na, Ma- ter mi- se- ri- cor-
Sal- ve, Re- gi- na, Ma- ter mi- se- ri- cor-
di- æ, Vi- ta, dul- ce- do. et spes nos-tra,
di- æ, Vi- ta, dul- ce- do, et spes nos-tra,

sal- ve. Ad te cla-ma- mus ex-u-les fi-li- i
sal- ve. Ad te cla-ma- mus ex-u-les fi-li- i
E- væ. Ad te suspi-ra- mus, gemen- tes et flen- tes
E- væ. Ad te suspi-ra- mus, gemen- tes et flen- tes
in hâc la- cryma- rum val- le. E- i- a ergo! advo-ca- ta
in hâc la- cryma- rum val- le. E- i- a ergo! advo-ca- ta
nos- tra, il- los tu- os mi-se- ri-cor- des
nos- tra, il- los tu- os mi-se- ri-cor- des
o- cu-los ad nos conver- te. Et Je-sum be-ne-dic- tum
o- cu-los ad nos conver- te, Et Je-sum be-ne-dic- tum

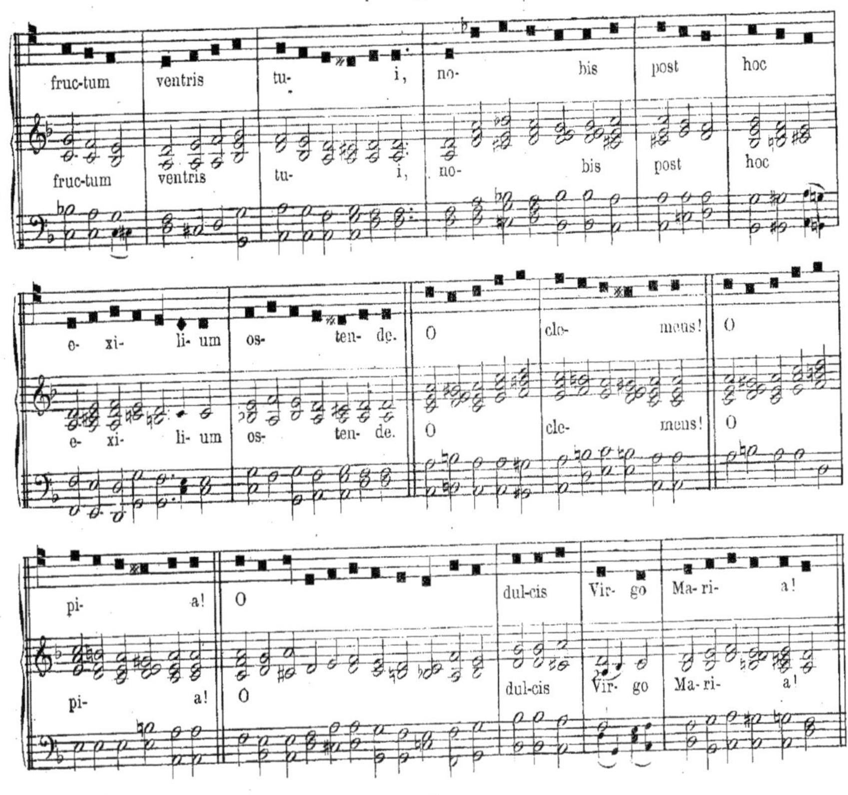

CANTIQUE TE DEUM.

ti-bi cœ-li et u-ni-ver-sæ po-tes-ta-tes. Ti-bi Che-ru-bim et Se- raphim
ti-bi cœ-li et u-ni-ver-sæ po-tes-ta-tes. Ti-bi Che-ru-bim et Se- raphim
in-ces-sa-bi-li vo- ce pro cla-mant. Sanc- tus, Sanc- tus, Sanc-tus
in-ces-sa-bi-li vo- ce pro-cla-mant. Sanc- tus, Sanc- tus, Sanc-tus
Do-mi-nus De- us Sa- ba-oth. Ple-ni sunt cœ-li et ter- ra ma-jes-ta-tis
Do-mi-nus De- us Sa- ba-oth. Ple-ni sunt cœ-li et ter- ra ma-jes-ta-tis
glo- ri- æ tu- æ. Te glo-ri- o- sus A-pos-to-lo-rum cho-rus. Te
glo- ri- æ tu- æ. Te glo-ri- o- sus A-pos-to-lo-rum cho-rus, Te
Pro-phe-ta- rum lau-da- bi-lis nu-me-rus. Te Mar-ty-rum candi-da- tus
Pro-phe-ta- rum lau-da- bi-lis nu-me-rus. Te Mar-ty-rum candi-da- tus

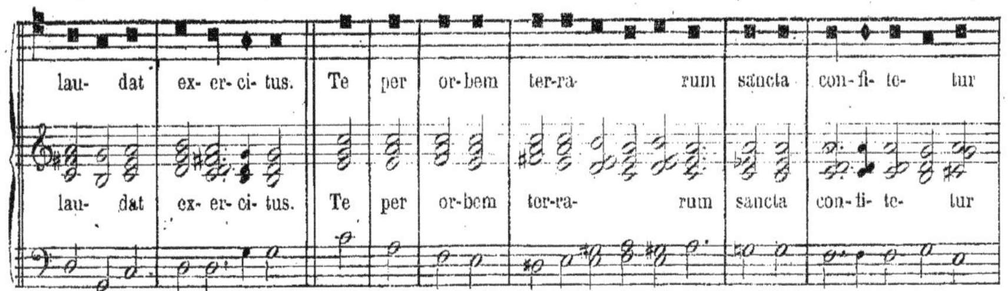

Tu Rex glo- ri- æ, Chris- te : Tu Pa- tris sempi- ter- nus es Fi- li- us. Tu, ad

Tu Rex glo- ri- æ, Chris- te : Tu Pa- tris sempi- ter- nus es Fi- li- us. Tu, ad

es- se ven- tu-rus. Te er-go quæ-su-mus, famu- lis tu- is sub- ve-ni, quos

es- se ven- tu-rus. Te er-go quæ-su-mus, famu- lis tu- is sub- ve-ni, quos

pre- ti- o- so sangui-ne re-de-mis-ti, Æ ternâ fac cum Sanctis tu- is in

pre- ti- o- so sangui-ne re-de-mis-ti, Æ-ternâ fac cum Sanctis tu- is in

glo-ri- â nu-me-ra- ri. Sal- vum fac po-pu- lum tu- um Do- mi-ne, et

glo-ri- â nu-me-ra- ri. Sal- vum fac po-pu- lum tu- um Do- mi-ne, et

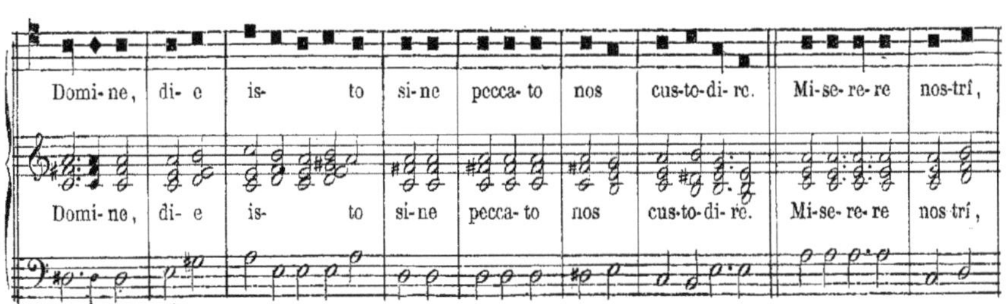

Do- mi- ne, mi- se- re-re nos-trî. Fi- at mi- se- ri- cor-di- a tu- a Do-mi- ne,

Do- mi- ne, mi- se- re-re nos-trî. Fi- at mi- se- ri- cor-di- a tu- a Do-mi- ne, su- per nos, quemadmo- dum spe- ra- vi- mus in te. In te, Do-mi-ne,

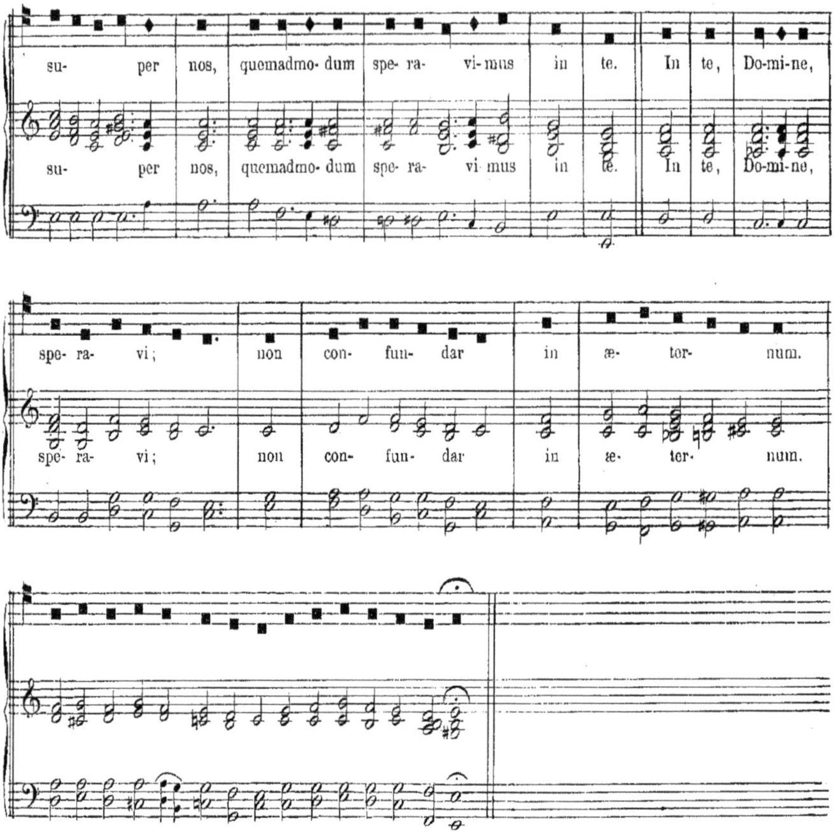

su- per nos, quemadmo- dum spe- ra- vi- mus in te. In te, Do-mi-ne,

spe- ra- vi; non con- fun- dar in æ- ter- num.

spe- ra- vi; non con- fun- dar in æ- ter- num.

DEUX SOLOS POUR LITANIES.

Pour plus de facilité, l'organiste peut chanter seul en s'accompagnant, jusqu'à *Sancta Maria*.

GAMMES HARMONIQUES DANS LES TONS MAJEURS LES PLUS USITÉS.

DO

SOL

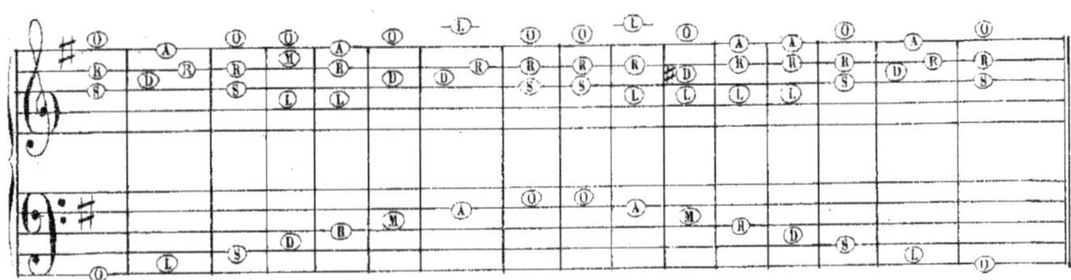

RÉ

LA

MI

FA

SI ♭

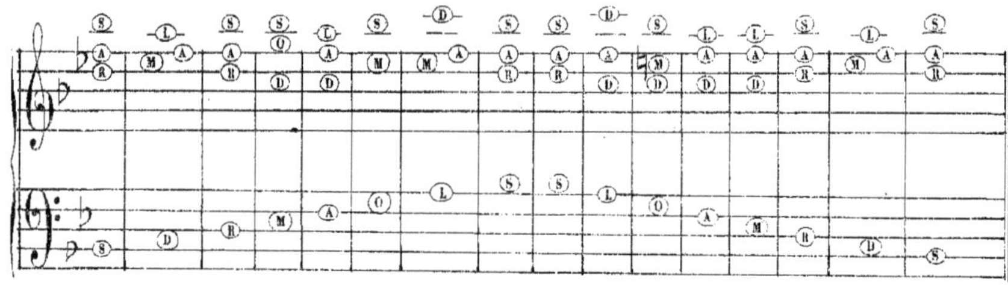

LA ♭

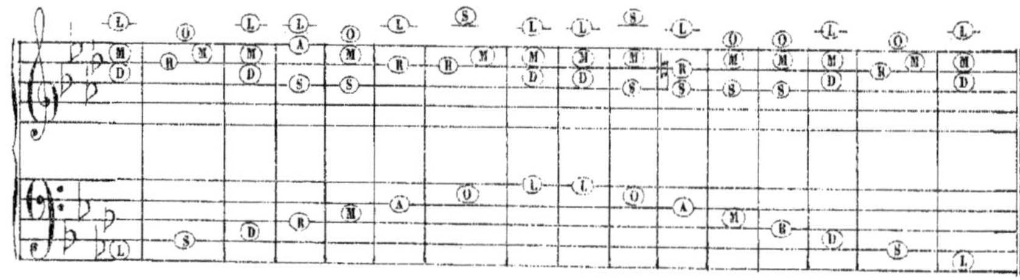

GAMMES HARMONIQUES DANS LES TONS MINEURS LES PLUS USITÉS.

LA

MI

SI

FA

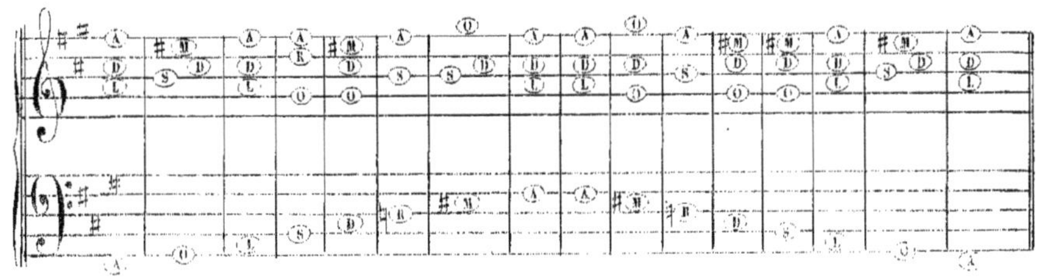

RÉ

SOL

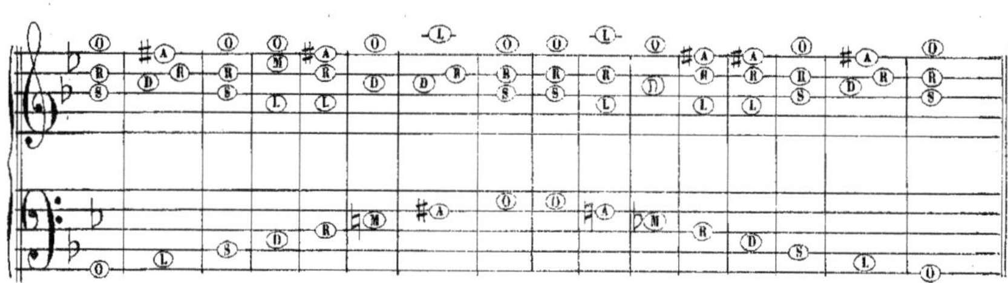

DO

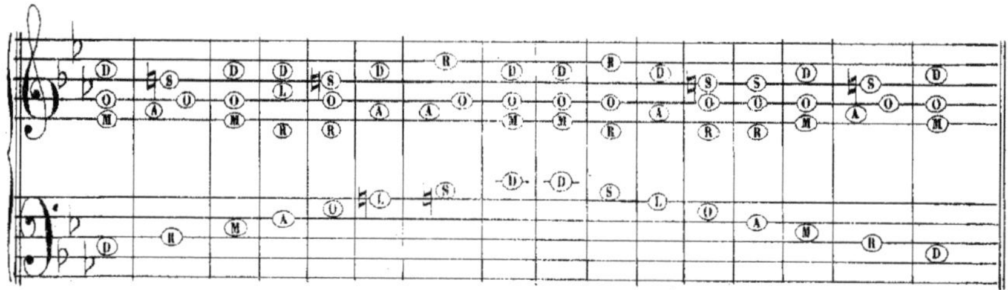

FA

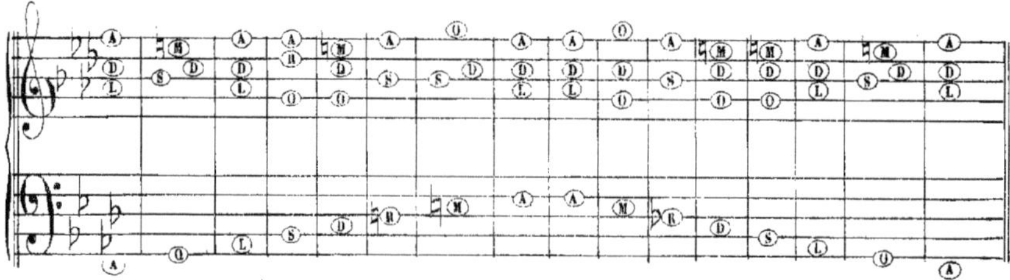

Tableau de formation des gammes majeures avec dièses.

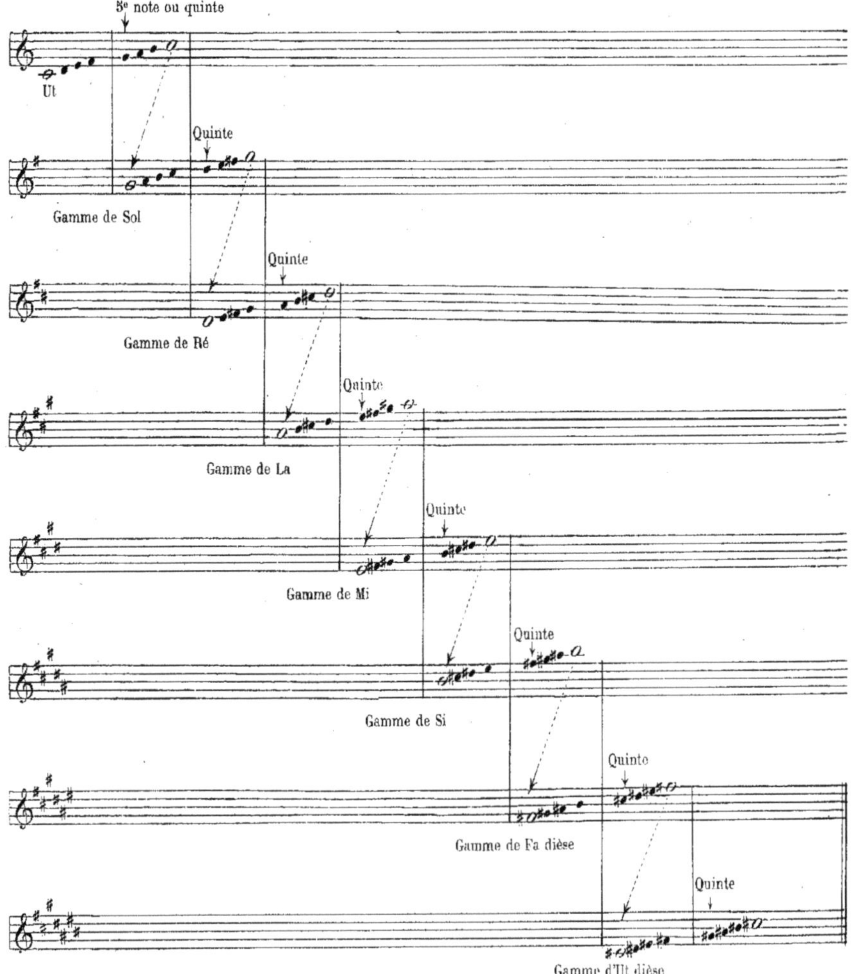

On voit par le tableau ci-dessus que pour former une nouvelle gamme, il faut toujours partir de la *quinte* de la gamme précédente, de sorte que dans l'ordre de formation, les gammes se succèdent entre elles de quinte en quinte en montant. La gamme modèle ayant pour tonique *ut*, la première gamme qui en dérive a pour tonique *sol*; la deuxième, *ré*; la troisième, *la*; la quatrième, *mi*; la cinquième, *si*; la sixième, *fa* dièse; la septième, *do* dièse.

On remarque en second lieu que la première gamme qui dérive d'*ut* a un dièse; la deuxième, deux; la troisième, trois, ainsi de suite jusqu'à *ut* dièse, qui a sept dièses à la clef.

Enfin les dièses se placent dans l'ordre de leur formation, le premier sur le *fa*, le second sur le *do*, etc.

Ils se nomment également en partant de *fa*.

Tableau de formation des gammes majeures avec bémols.

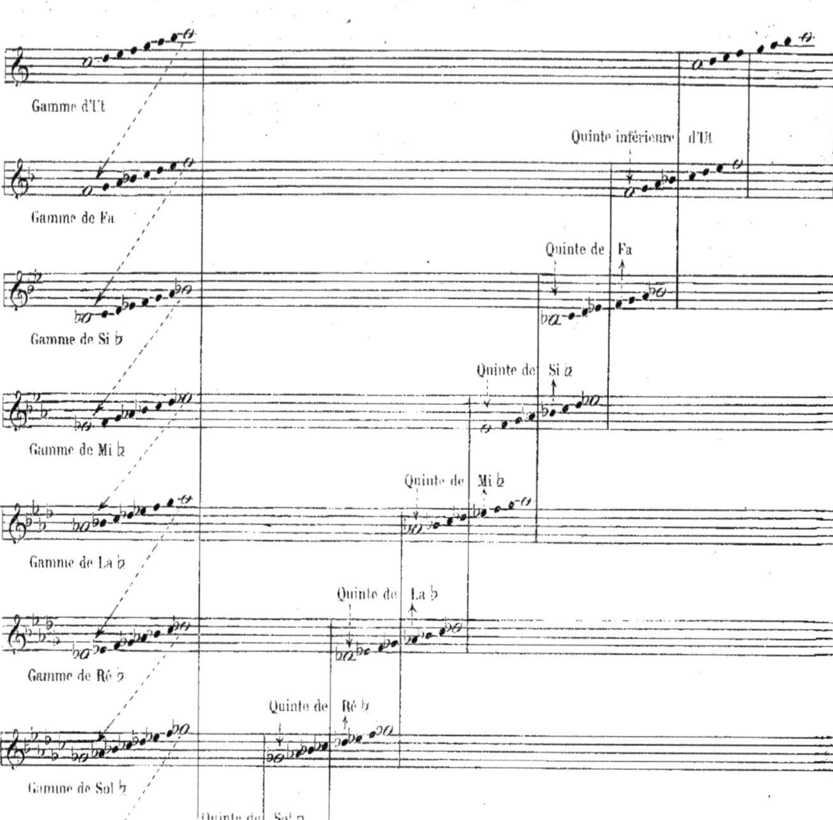

Pour comprendre le tableau ci-dessus, il faut se rappeler que la note fondamentale de chaque nouvelle gamme est à la quinte inférieure de la gamme précédente, et de plus la clef prend un nouveau bémol à la formation de chaque nouvelle gamme.

Remarque. — Quand on joue sur le clavier, on voit que quant à la disposition des notes, les trois dernières gammes en dièses sont absolument semblables aux trois dernières gammes en bémols, seulement dans un ordre inverse.

Gammes semblables sur le clavier.

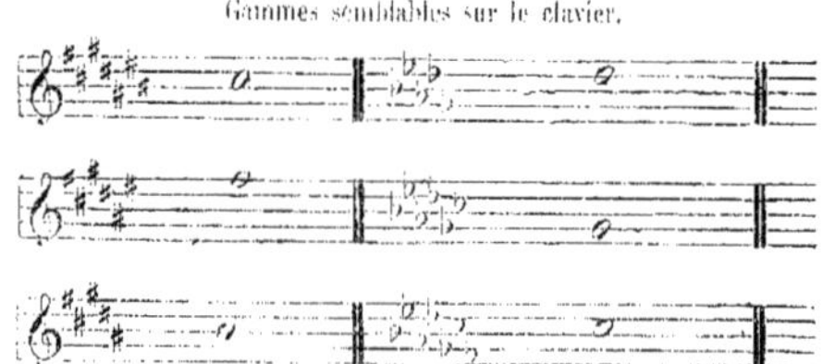

Formation des gammes mineures.

Toute gamme peut de majeure devenir mineure sans changer de tonique, si l'on abaisse le 3e et le 6e degré, et réciproquement toute gamme mineure peut devenir majeure, si l'on hausse son 5e et son 6e degré d'un demi-ton.

Ton majeur — Ton mineur

On forme les gammes mineures de la même manière que les gammes majeures; mais au lieu de *do*, le point de départ est *la*, gamme modèle de tous les tons mineurs, soit avec dièses, soit avec bémols.

Gamme mineure sans note sensible — Gamme mineure avec note sensible

Ce qui constitue la note sensible c'est sa tendance vers la tonique mineure.

Tons relatifs.

Toute gamme majeure porte avec elle une gamme mineure qui lui appartient; la tonique de cette gamme mineure est située une tierce mineure (trois demi-tons) au-dessous de la tonique de la gamme majeure : ainsi *do* a pour relatif *la*.

Exemple.

Des différents Tons relatifs d'une gamme.

On ne donne pas seulement le nom de *relatif* au ton mineur formé d'un ton majeur; on nomme aussi *relatifs*, à cause d'une certaine affinité et de notes communes, tous les tons qui ne diffèrent entre eux que d'un dièse ou d'un bémol en plus ou en moins, mais qu'un seul accident. Ainsi, on peut moduler en *do*, passer en *sol*, de *sol* en *ré*, de *ré* en *la*; mais il n'est pas permis de passer brusquement de *do* en *ré* sans moduler en *sol*; il faut absolument suivre la formation des gammes.

En résumé, un ton quelconque a pour tons relatifs :

1° Une gamme mineure avec même armure et tonique trois demi-tons au-dessous;

2° Une gamme mineure de même tonique avec une armure différente;

3° Deux tons n'ayant avec lui qu'une différence d'un accident en plus ou en moins à la clef.

Ainsi, le ton d'*ut* majeur a pour *relatifs* : 1° *la* mineur; 2° *sol* majeur; 3° *fa* majeur; 4° *do* mineur.

Do majeur — La mineur — Fa majeur — Sol majeur — Do mineur

En partant de *do*, il est permis de moduler dans ces quatre tons, pourvu qu'en finissant on revienne au ton primitif ou de point de départ.

Cette circulation à travers les tons relatifs, à laquelle on a donné le nom de *modulation*, produit dans les compositions musicales de la variété, du mouvement et de l'attrait; rien ne charme l'oreille comme une *modulation* qui ramène ensuite au ton primitif.

Manière de reconnaître le ton d'un morceau.

On sait déjà que quand il n'y a ni dièse ni bémol à la clef, le morceau est en *do* majeur ou en *la* mineur.

Lorsqu'il y a des dièses à la clef, le morceau est majeur si la tonique de la basse est un degré au-dessus du dernier dièse placé à la clef; le morceau est mineur si la tonique est un degré au-dessous.

Enfin, si la clef porte des bémols, le morceau est majeur si la finale de la basse se trouve sur la même ligne que l'avant-dernier bémol; le morceau est mineur si la tonique est placée un degré et demi au-dessous de l'avant-dernier bémol.

Règle générale. — Toutes les fois que la quinte d'un ton n'est pas altérée, c'est-à-dire si elle est conforme aux indications de l'armure, on est en mode majeur. Si, au contraire, elle est altérée, on est en mode mineur.

Ces données me semblent suffire pour avoir des notions générales sur le plain-chant et la musique; la pratique apprendra le reste.

J'invite mes confrères qui ont des dames pianistes dans leur paroisse à faire l'essai de ma nouvelle méthode, elle est faite spécialement pour elles; ces dames, je l'espère, se feront un plaisir de mettre au service du culte leur beau talent musical pour embellir nos solennités, chanter les louanges de Marie, toucher les pécheurs et ramener les indifférents à nos églises et à Dieu.

TABLE DE LA MÉTHODE.

BESANÇON, IMPRIMERIE ET LITHOGRAPHIE DE J. JACQUIN

www.ingramcontent.com/pod-product-compliance
Ingram Content Group UK Ltd.
Pitfield, Milton Keynes, MK11 3LW, UK
UKHW022122260726
13993UKWH00003B/1175

9 782329 297729